파브르에게 배우는
식물 이야기

❖ **일러두기**

1. 이 책은 파브르가 쓴 《식물기》를 '다시 쓰기(rewriting)'한 책입니다. 열 살 이상의 어린이면 누구나 쉽게 이해할 수 있도록 풀어 썼습니다. 식물을 설명하는 방법과 순서는 원작을 충실히 따랐으며, 반면 최신의 정보에 틀리지 않도록 식물학 관련 도서들을 참고하여 수정하고 감수를 받았습니다.

2. 이 책에 실린 그림과 글에 등장하는 식물들은 원작을 참고하였으나, 대부분 우리나라 어린이들이 이해하기 쉬운 식물로 바꾸었습니다. 그림은 모두 새롭게 그렸고, 사례로 등장하는 식물은 우리나라에서 흔히 볼 수 있거나 우리 어린이들에게 친근한 식물입니다.

3. 이 책에서는 식물의 진화와 분류에 대한 내용은 최근의 이론에 따랐음을 밝힙니다. 파브르뿐만 아니라 당대를 살던 대부분의 학자들은 다윈의 진화론을 받아들이지 않았기 때문에 최신의 과학 정보에 따른 것입니다.

철수와영희 생명수업 첫걸음 ①

파브르에게 배우는
식물 이야기

기획 **바람하늘지기** | 글 **노정임** | 그림 **안경자** | 감수 **이정모**

머리말

식물 이야기로 배우는
과학 공부의 기초

나는 수학과 과학 과목이 가장 어려웠어. 어려우니까 시험 성적도 안 좋을 수밖에. 흥미도 점점 떨어지더라고. 그런데 지금 난 자연과 과학에 대한 책을 만드는 사람이 되었어. 어떻게 그게 가능했을까? '식물'로 과학 공부를 시작했기 때문이야. 산으로 들로 나가서 식물을 직접 찾아보고 관찰하고 나서 책으로 엮어 내는 일은 어렵지 않았지. 오히려 무척 재미있고 마음까지 풍요롭게 되었단다. 왜 그런지는 몰랐지만, 식물로 배우는 과학은 호기심이 더해졌어. 나무와 풀에 대해 더 배워서 사람들에게 잘 알려 주고 싶은 마음이 점점 커졌지.
그러다 파브르가 쓴 식물 책을 보고는 무릎을 탁 쳤어. 과학을 어려워하던 내가 식물 공부는 왜 어려워하지 않았는지 알게 된 거야. 《곤충 이야기》로 유명한 그 파브르냐고? 그래, 맞아. 파브르가 이렇게 말했어.

"과학은 쉽지 않아. 무척 까다롭지.
식물 이야기는 조금씩 무리 없이 과학을 시작하기에 아주 고마운 주제란다."

그래서 파브르는 자신의 어린아이들을 위해서 식물 이야기를 썼단다. 과학 공부를 시작하는 어린이들이 읽을 수 있게 눈높이를 맞추어 쓴 거지. 나도 파브르처럼 우리 어린이들이 어떤 과학 공부보다 앞서서 식물을 공부하길 바라며 이 책을 만들었어. 곤충이나 공룡 같은 동물 좋아하지? 광물이나 화학도 좋아한다고? 그럼 먼저 식물 공부를 해봐. 더욱 깊이 있게 자연과 과학을 알 수 있을 테니까. 내 경우, 식물을 알고 나니까 곤충의 서식지와 먹이 식물 같은 생태도 이해하기 쉬웠고 지구 환경과 진화론, 나아가 의학 이해에도 도움이 되었어.

지구에 사는 생물 중에서 식물과 관련이 없는 생물은 없기 때문이야. 식물은 자연의 역사에서 매우 중요한 역할을 했으며, 오늘날 일어나는 여러 가지 자연 현상과도 밀접한 연관이 있지. 또 식물과 동물은 공통점이 많고, 약재로 쓰이는 것 중에는 식물이 참 많아. 이처럼 식물 공부를 먼저 해 둔다면 여러 분야의 과학 공부에 단단한 토대를 만들어 놓는 것과 같아.

이 책은 파브르가 쓴 식물 이야기를 쉽게 고쳐 쓴 거야. 파브르의 마음을 그대로 전하려고 노력했어. 거기에다가 이해하기 쉽도록 익숙하고 쉬운 예를 들고 시선을 사로잡는 그림을 보탰어. 파브르가 식물을 설명하는 순서와 주요 내용을 그대로 따랐지. 파브르는 100년 전 살았던 과학자이지만 파브르의 식물 이야기에는 100년이 지나도 변하지 않는 가치가 살아 있기 때문이야.

파브르는 식물이 쉬지 않고 부지런히 일한다며 감탄했지. 식물을 존경한다고까지 말했어. 어떤 식물은 마술보다 신기하다고 했지. 맞아, 식물들은 들여다볼수록 아름답고 신비해. 또 각자 개성대로 살아가는 모습은 멋지고, 다양한 식물이 어울려서 살아가는 모습에서는 지혜도 배울 수 있었어. 식물이 하는 일 중에는 과학자도 흉내 내지 못하는 훌륭한 재주가 많대. 파브르는 이런 사실을 알게 될 때마다 식물을 칭찬해 주었고 식물의 훌륭함을 사람도 배워야 한다고 강조했어. 애정을 담뿍 담아 식물을 관찰했고, 관찰한 사실을 친절하고 재치 넘치는 글로 남겼어. 파브르는 훌륭한 과학자인 동시에 재미있는 이야기꾼이야.

내가 그랬던 것처럼 너희도 이 책으로 식물의 이야기를 들으면서 과학 공부의 기초를 단단히 하길 바랄게. 또 식물에 대한 정보뿐만 아니라 과학자의 눈으로 세심하게 관찰하는 파브르의 태도와 식물을 보는 애정 어린 마음까지 배우게 되길 바란다. 그러면 식물을 포함한 모든 생명을 존중하는 마음을 갖게 되어서 어떤 일을 하든지 삶이 아름답고 풍성하게 될 거야.

2014년 4월　노정임

장 앙리 파브르

Jean-Henri Fabre (1823~1915년)

파브르는 1823년 프랑스의 작은 마을에서 가난한 농부의 첫째 아들로 태어났습니다. 어릴 때에는 형편이 어려워서 산골 마을에 사는 할아버지 댁에 맡겨질 때도 있었고, 돈이 없어 학교를 그만두고 시장에서 과일을 팔아 생활비를 보태기도 했습니다.

소년이 된 파브르는 사범학교 장학생 모집 시험에 응시했고 일등으로 합격했습니다. 사범학교에서 공부를 마친 뒤에 초등학교와 중등학교 선생님으로 일합니다. 학생들의 의견을 소중히 여겼고 성실히 가르쳤기 때문에 인기 많은 선생님이었습니다. 학생들을 가르치면서도 공부를 계속하여 나중에는 사범 학교의 교수로도 일합니다.

파브르는 어린이들의 호기심과 탐구심을 무척 중요하게 생각했습니다. "어린이는 천성적으로 탐정이자 관찰자다. 내가 모르는 것을 어린이들은 이미 알고 있었다."고 말하기도 했습니다.

파브르 자신도 호기심과 탐구심으로 늘 공부했습니다. 학교와 집에서 아이들을 가르치는 동시에 독학으로 곤충, 식물, 화학, 수학, 물리학 등 여러 분야를 공부하여 책을 펴내는 일을 평생 쉬지 않고 계속합니다. 《식물 이야기》, 《곤충 이야기》, 《과학 이야기》 등 수많은 과학 책을 펴냈고, 그 당시에 쓰인 학교 교과서도 썼습니다.

파브르는 집에서는 자녀들과 함께 곤충과 식물을 관찰하고 대화하던 다정한 아버지였고, 학교에서는 직접 교재를 만들어서 아이들에게 살아 있는 교육을 시킨 교육자였습니다. 또 그때 누구도 관심 두지 않던 시골의 가난한 아이들과 여자아이들의 교육에도 관심을 쏟았다고 합니다.

파브르의 글은 어려운 전문 용어는 적게 쓰였고 성실한 관찰이 돋보이며 섬세한 묘사가 아름답습니다. 어린이들에게 옛날이야기보다 재미있고 쉽게 과학 원리와 개념을 들려줍니다. 파브르가 《곤충 이야기》를 쓰기에 앞서서 집필하기 시작한 책이 《식물 이야기》입니다. 눈, 줄기, 뿌리, 잎, 씨앗으로 이어지는 식물 이야기를 읽다 보면, 식물에도 빠져들고 파브르라는 과학자에도 빠져듭니다. 식물에 대한 정보가 일목요연하면서도 많은 예시로 쉽게 설명되어 있고, 파브르는 생명을 사랑하는 따뜻한 마음으로 독자를 배려하며 다정하게 이야기를 들려주기 때문입니다.

약 100년 전 세상을 떠난 파브르는 오늘날까지도 식물, 곤충 등과 관련된 여러 과학 책을 통해 어린이는 물론 연구자들에게도 소중한 정보와 교훈 그리고 재미를 알려 주고 있습니다.

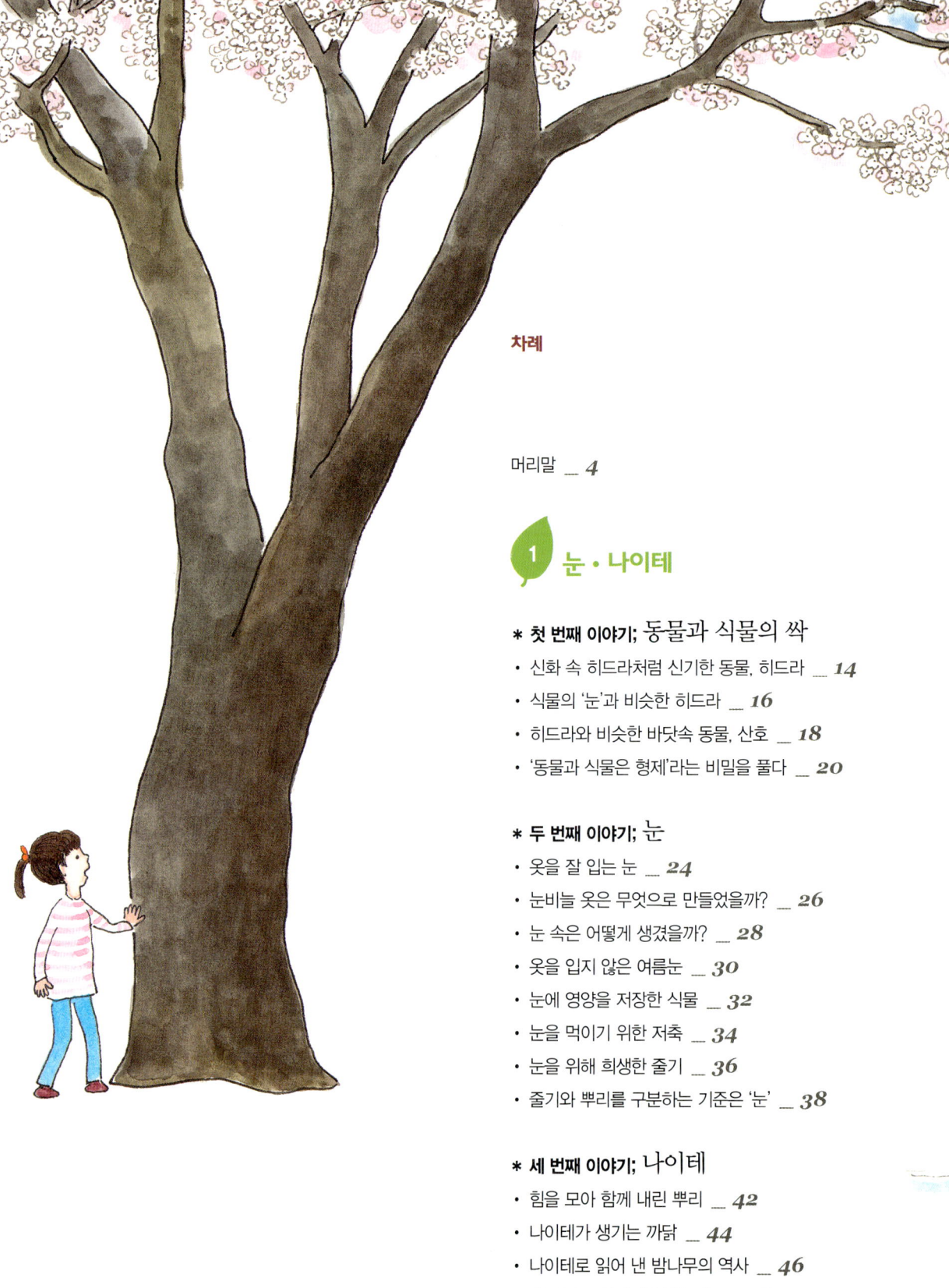

차례

머리말 _ 4

1 눈·나이테

* 첫 번째 이야기; 동물과 식물의 싹
- 신화 속 히드라처럼 신기한 동물, 히드라 _ 14
- 식물의 '눈'과 비슷한 히드라 _ 16
- 히드라와 비슷한 바닷속 동물, 산호 _ 18
- '동물과 식물은 형제'라는 비밀을 풀다 _ 20

* 두 번째 이야기; 눈
- 옷을 잘 입는 눈 _ 24
- 눈비늘 옷은 무엇으로 만들었을까? _ 26
- 눈 속은 어떻게 생겼을까? _ 28
- 옷을 입지 않은 여름눈 _ 30
- 눈에 영양을 저장한 식물 _ 32
- 눈을 먹이기 위한 저축 _ 34
- 눈을 위해 희생한 줄기 _ 36
- 줄기와 뿌리를 구분하는 기준은 '눈' _ 38

* 세 번째 이야기; 나이테
- 힘을 모아 함께 내린 뿌리 _ 42
- 나이테가 생기는 까닭 _ 44
- 나이테로 읽어 낸 밤나무의 역사 _ 46
- 잘 자라고 금세 회복하는 눈 _ 48

2 세포·줄기·뿌리

* **네 번째 이야기; 세포**
- 식물의 기본 단위, 세포 _ 54
- 빠르게 자라는 세포 _ 56
- 세포는 무얼 먹고 늘어날까? _ 58
- 썩지 않으면 어떻게 될까? _ 60

* **다섯 번째 이야기; 줄기**
- 줄기의 겉옷은 헌 옷, 속옷은 새 옷 _ 64
- 줄기 속 들여다보기 _ 66
- 식물의 핏줄, 관다발 _ 68
- '외떡잎식물'과 '쌍떡잎식물'의 차이점 _ 70
- 줄기 속을 비운 외떡잎식물의 힘 _ 72
- 줄기가 자라나는 여러 가지 형태 _ 74
- 또 다른 모습으로 변신한 줄기 _ 76

* **여섯 번째 이야기; 뿌리**
- 뿌리의 고집 _ 80
- 뚱뚱해진 뿌리들 _ 82
- 뿌리의 다양한 변신 _ 84
- 막뿌리를 이용하는 농부들의 지혜 _ 86
- 서로 다른 줄기와 뿌리의 합체 _ 88
- 식물을 든든하게 세워 주는 줄기와 뿌리 _ 90

3 잎·꽃·씨앗

* **일곱 번째 이야기; 잎의 겉모습**
- 잎은 어떻게 생겼을까? _ 96
- 셀 수 없이 다양한 잎 모양 _ 98
- 쌍떡잎식물과 외떡잎식물은 잎 모양도 달라 _ 100
- 잎의 뛰어난 건축 기술, 잎차례 _ 102
- 잎의 다양한 변신 _ 104

* **여덟 번째 이야기; 잎 속**
- 잎도 숨을 쉰다 _ 108
- 잎은 위대한 요리사 _ 110
- 잎이 주는 또 다른 선물, 산소 _ 112
- 잠을 자는 잎 _ 114

* **아홉 번째 이야기; 꽃**
- 씨앗을 만들기 위한 꽃 _ 118
- 모양도 색깔도 다양한 아름다운 꽃 _ 120
- 아름다운 꽃차례 _ 122
- 꽃가루받이를 위해 만드는 화려한 꽃잎과 꽃차례 _ 124

* **열 번째 이야기; 씨앗**
- 열매는 씨앗을 담는 그릇 _ 128
- 씨앗을 널리 퍼뜨리려는 식물의 노력 _ 130
- 오늘과 미래를 함께 준비하는 동물과 식물 _ 132
- 씨앗이 싹을 틔우려면 _ 134
- 다시 시작되는 식물의 삶 _ 136

찾아보기 _ 138
식물 그림으로 찾아보기 _ 144

눈 * 나이테

첫 번째 이야기

동물과 식물의 싹

파브르는 식물 이야기를 시작하면서
'동물' 이야기를 꺼내지.
식물 이야기를 한다더니
왜 동물 이야기로 시작할까?
그건 동물과 식물이 비슷한 점이 있기 때문이야.
비슷한 점을 알아 보면 식물을 이해하기가 쉬워지지.

동물과 식물은 형제와 같아.
"동물과 식물이 형제라고?
배추랑 고양이, 아니면 고구마랑 개구리가 형제라니!
말도 안 돼." 하는 친구도 있을 거야.
그 비밀을 알아 보러 먼저 물속으로 가 보자.
작은 물웅덩이에도 가 보고 널따란 바다에도 가 보면,
동물과 식물이 비슷하다는 걸 알게 될 테니까.

✻ 신화 속 히드라처럼 신기한 동물, 히드라

식물을 이해하는 첫걸음에 만나 볼 동물은 '히드라'야. 그리스 신화에도 같은 이름의 괴물이 나와. 신화 속 히드라는 수십 개의 머리가 달린 뱀이지. 머리 하나를 자르면 그 자리에 새로운 머리가 두 개 생긴다는 괴물 말이야.

히드라는 어떤 동물일까?

고여 있는 물웅덩이에 살아. 몸길이가 약 1~2센티미터로 자그마해. 풀색을 띠고 있고, 촉감은 젤리 같아. 사람이 손가락으로 세게 잡으면 터질 만큼 연약하지.

기다란 몸통은 소화 주머니고, 소화 주머니에 촉수라 불리는 가느다란 팔이 5~8개 달렸어. 여러 개의 촉수 한가운데에 입이 있어. 히드라의 입은 동시에 항문이기도 해. 몸통 끝을 물풀이나 돌에 붙이고 촉수로 먹이를 잡아서 입에 넣지.

물속에 사는 히드라가 신화 속의 히드라처럼 괴물은 아니지만 비슷한 점이 있어. 그게 무얼까? 작은 실험을 해 보자.

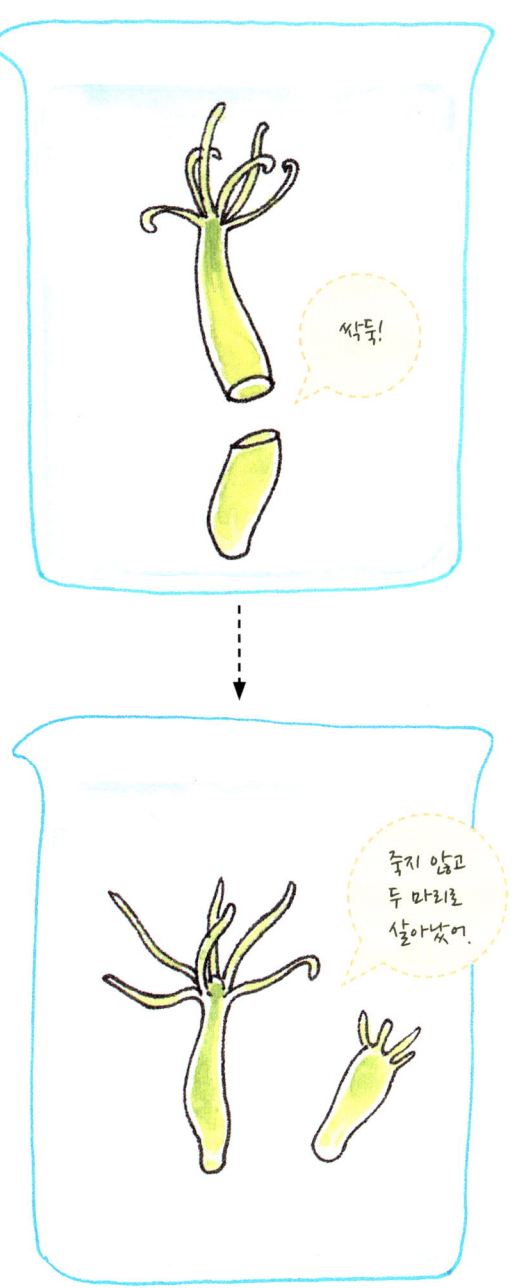

과학자는 때론 큰 용기를 내야 해. 오늘 웅덩이에서 잡아 온 히드라를 가위로 '싹둑!' 자를 거야. 갑자기 왜 두 동강을 내냐고? 죄 없는 생물을 죽이는 모습을 보여 주려는 것이 아니야. 잠깐 기다려 봐.

다음 날이야. 히드라는 이미 다 나았어. 촉수가 있던 쪽은 멀쩡하게 촉수로 먹이를 쫓고 있고, 촉수가 없어진 몸통도 이젠 아프지 않아.

그리고 또 하루, 또 하루가 지나서 다시 히드라를 보자. 완전한 히드라 두 마리가 있어. 싹둑 잘렸는데도 며칠 지나자 죽지 않고 살아났어. 그것도 온전한 모습으로 두 마리가 되어 건강하게 되살아났지.

반으로 잘린 몸이 완전한 두 마리가 되다니, 마법 같지? 이처럼 히드라는 놀랄 만한 재주를 가졌어. 민물 속의 히드라를 보니 신화 속 히드라가 떠오를 만해.

✱ 식물의 '눈'과 비슷한 히드라

히드라와 비슷한 능력을 가진 동물들을 너희도 알고 있을 거야. 가재나 도마뱀 말이야. 가재는 다리 하나가 잘려 나가도 다시 돋아나지. 도마뱀은 위험에 처하면 꼬리를 끊고 달아날 수 있고. 하지만 가재는 집게에만, 도마뱀은 꼬리에만 이런 능력이 있어.

히드라와 달리 가재와 도마뱀은 잘려 나간 집게와 꼬리가 썩어 없어지고 말아. 히드라는 동강 난 몸뚱이가 되살아나서 온전한 몸뚱이가 되지.

만약 사람이 히드라 같다면, 우리가 자주 자르는 머리털이나 손톱의 한 조각이 또 하나의 사람이 될 거야! 그러다간 나랑 똑같이 생긴 복제 인간이 너무 많아 골치가 아프겠지. 사람이 히드라가 아닌 게 다행이란 생각도 들어.

잔인해 보이는 실험을 한 번만 더 해 보자. 히드라에게 다시 가위질을 할 거야. 6토막, 10토막, 14토막……. 정말 과학자에게는 용기가 필요해. 히드라가 다시 살아날 것을 알면서도 아픔을 느낄 히드라에게 미안해져. 어쨌든 좁쌀처럼 잘게 자른 히드라가 어떻게 될지 관찰해 보자.

하루, 이틀, 사흘쯤 지나 잘린 히드라를 보면 모든 쪼가리가 소화 주머니와 여러 개의 촉수를 가진 히드라가 되어 있는 걸 볼 수 있어. 다시 봐도 마법사가 해 놓은 일 같아. 어쩌면 마법보다 더 오묘하고 놀라워.

히드라를 자르는 실험을 한 까닭이 궁금했지? 히드라의 조각들이 바로 식물의 '눈'과 비슷하기 때문이야. '눈'은 새로 돋아나려는 식물의 싹을 말해. '식물과 동물은 형제'라는 걸 알아내는 실험이지.

✱ 히드라와 비슷한 바닷속 동물, 산호

'식물과 동물은 형제'라는 걸 알아보러 이번에는 바닷속으로 가 보자. 그림은 바다에 사는 산호들이야. 산호는 식물 아니냐고? 겉모습은 작은 나무같이 생겼지만, 산호는 식물이 아니라 동물이야. 각자 살아가는 작은 폴립들이 모여서 이루어진 동물이지. 그러니까 산호는 폴립들이 모여 사는 공동 주택인 셈이야. 폴립 하나는 꽃이 핀 모양이지.

딱딱한 공동 주택은 폴립들이 내놓는 분비물로 만들어지는 거야. 소똥으로 집을 짓고 사는 사람들처럼. 사람들이 집을 늘려 가듯이 산호도 크기를 점점 늘려 가면서 그 안에 폴립들도 더욱 많이 살게 되지. 하나의 폴립이 죽을 수는 있지만 폴립 무리가 다 죽지는 않아. 꿀벌 한 마리는 죽어도 꿀벌의 무리는 늘 살아 있는 것처럼.

산호는 히드라와 무척 닮았어. 그런데 겉모습만 보면 히드라와 닮은 점이 없어 보이지? 도대체 어떤 점이 닮았다는 걸까?

산호는 어떤 동물일까?

산호는 각자 살아가는 작은 폴립들이 모여서 이루어진 동물이야. 하나하나의 폴립들은 서로 연결이 되어 있어서 영양분을 나누어 먹어. 어떤 폴립은 많이 먹고 어떤 폴립은 적게 먹기도 하겠지만, 하나의 산호에 있는 폴립들은 모두 연결되어 있어서 영양분을 나누는 거야. 같은 집에 함께 살면서 먹을 것을 나누어 먹으니 굶는 폴립은 없는 거지. 정말 지혜롭지!

✻ '동물과 식물은 형제'라는 비밀을 풀다

그럼 히드라는 가위로 싹둑 자르지 않았을 때 어떻게 스스로 자식을 낳을까? 아래 그림을 봐. 히드라의 소화 주머니 아래쪽에 돌기가 돋아. 이 돌기가 바로 히드라의 아기야. 히드라는 동물이야. 모든 동물은 자신과 똑같이 생긴 새끼를 낳지. 히드라는 어떻게 아기를 키울까? 엄마 히드라는 새끼 히드라와 위가 연결되어 있어. 그래서 엄마가 잡아먹은 먹이가 소화하기 좋게 죽처럼 바뀌어서 새끼에게로 흘러드는 거야. 엄마 배 속의 아기가 엄마와 탯줄로 이어져 있는 것과 비슷해.

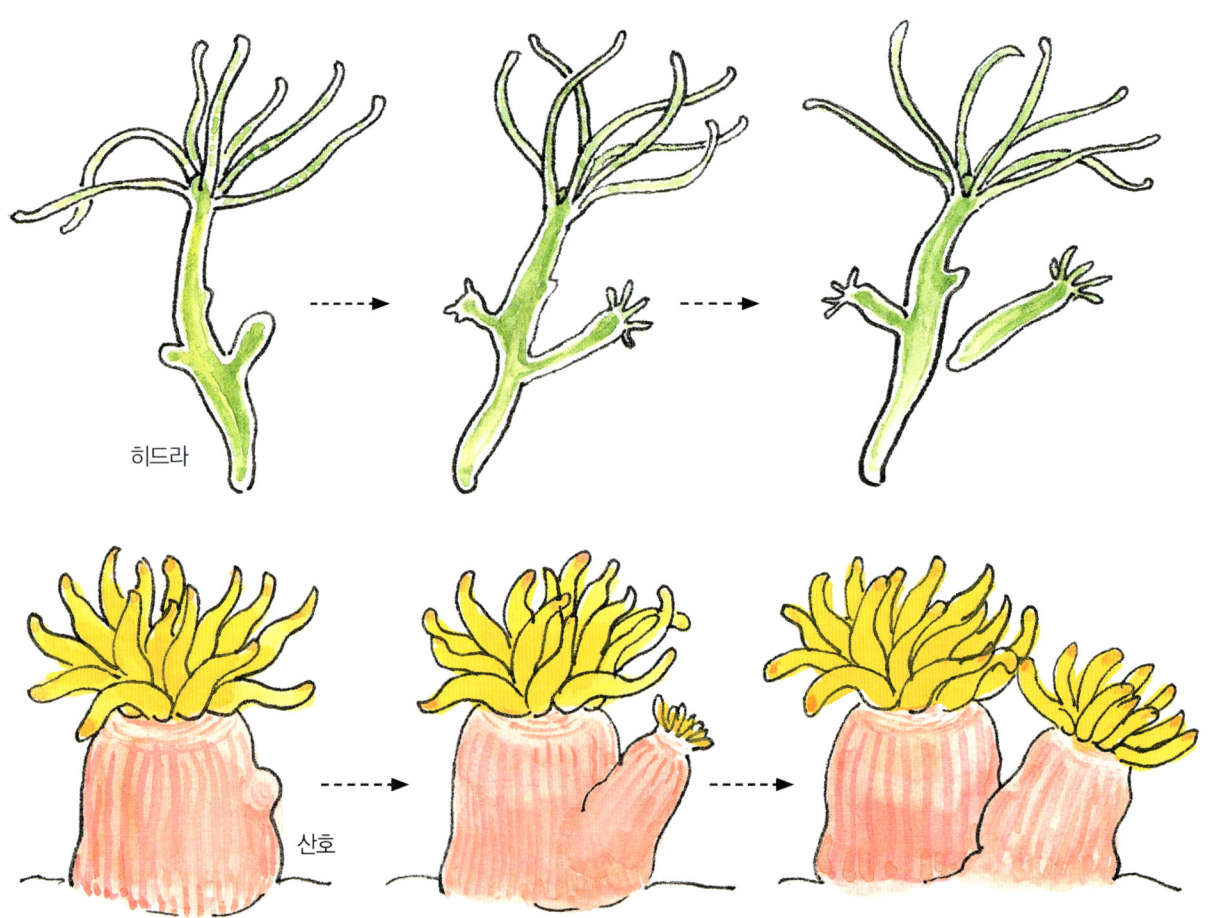

■ **히드라와 산호의 출아법**
세포의 일부분이 떨어져 나가 또 하나의 개체가 되는 번식 방법이야. '발아법'이라고도 해. 발아는 싹이 나온다는 뜻이야.

아기 히드라는 제 입으로 먹지 않아도 배가 부르겠지. 그러다 새끼가 홀로 사냥을 할 만큼 자라면 어미와 연결된 통로가 좁아지면서 닫히게 돼. 그리고 어미는 새끼를 떠나보내.

히드라와 산호는 새끼를 번식하는 방법도 비슷해. 산호도 폴립의 한쪽에서 또 하나의 폴립이 자라나지. 히드라와 산호는 참 비슷해.

여기서 식물과 동물이 형제인 증거를 하나 찾았어. 히드라와 폴립은 모두 새끼를 만들 때 몸에서 돌기가 먼저 돋았지? 이 돌기는 식물의 싹인 '눈'과 비슷해. 새로운 히드라와 폴립이 생겨나는 것과 마찬가지로, 식물도 줄기에 붙은 '눈'에서 잎과 꽃이 뻗어 나오는 거야. '눈'은 식물의 아기인 거지.

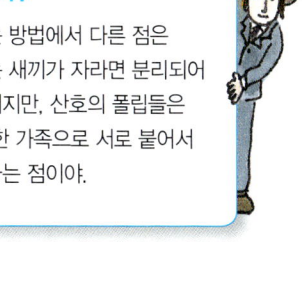

히드라와 산호의 다른 점은 무엇일까?

번식하는 방법에서 다른 점은 히드라는 새끼가 자라면 분리되어 떠나보내지만, 산호의 폴립들은 끝까지 한 가족으로 서로 붙어서 살아간다는 점이야.

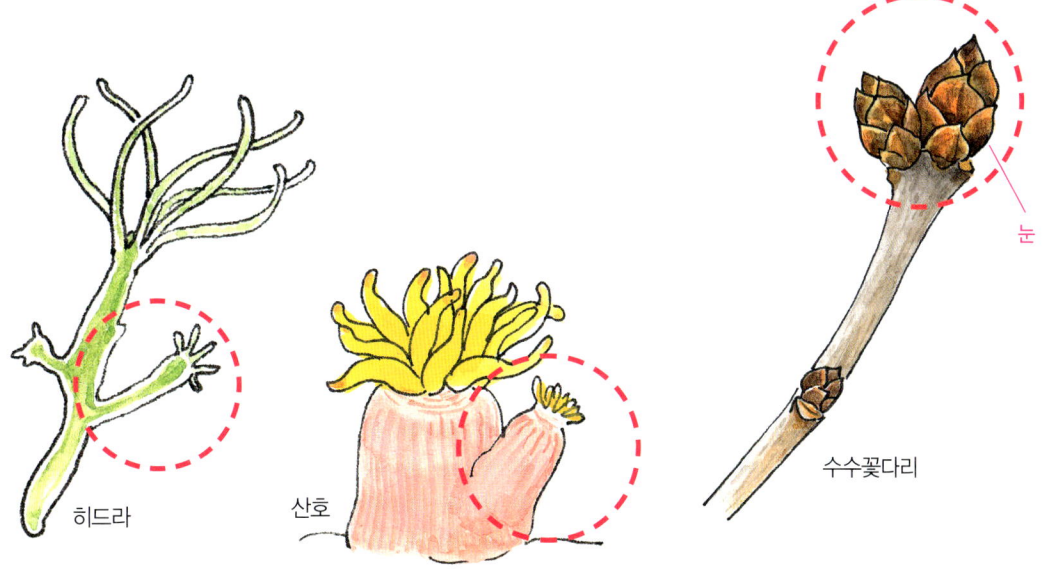

히드라 　　 산호 　　 수수꽃다리 / 눈

어때? 식물에게 점점 다가가고 있지? 민물에 사는 히드라와 바다에 사는 산호를 잘 보았다면, 이제 식물에게 매우 중요한 기관인 '눈'을 금세 이해하게 될 거야. 첫 번째 이야기를 끝내기 전에 다시 한번 기억해 두자. 동물과 식물은 형제라는 것!

두 번째 이야기

눈

신기한 히드라와 산호를 보느라 잊지 않았겠지?
물속으로 바닷속으로 헤엄쳐 다녔지만
우리는 다 기억하고 있어.
'식물'의 비밀을 알기 위해 갔다는 것을.

식물은 산호와 아주 비슷해. 그러니까 식물은
한 덩어리가 아니라 여러 부분이 모여서 사는
공동 주택과 비슷하지. 줄기, 뿌리, 잎, 꽃 등이 모여서
하나의 식물이 되는 거야. 이 모든 부분들이
'눈'에서 시작해. 눈에서 잎이 나고, 눈에서 꽃을 피우지.
파브르가 눈을 맨 먼저 이야기한 까닭을 알 것 같아.
줄기, 뿌리, 잎, 꽃에 대해서는
나중에 천천히 비밀을 벗겨 보기로 하고,
지금부터 '눈'에 대해 샅샅이 알아 보자.

✱ 옷을 잘 입는 눈

식물의 눈은 어떤 개성이 있을까? 겉모습부터 보자. 아래 그림을 봐. 첫인상이 어때? 파브르는 '눈'을 보고 맨 처음 이렇게 말했어.

"사람보다 옷을 잘 입는다!"

나무의 눈은 잎겨드랑이에서 나와. 늦은 봄에 생겨나서 초여름 동안에도 늘 자라고 있지. 그러다 추워져서 잎이 떨어지고 나면 그제야 사람들 눈에 띄는 거야. 그래서 겨울에 잘 보인다고 보통 '겨울눈'이라고 부르지. 하지만 눈은 봄부터 정성스럽게 만들지.

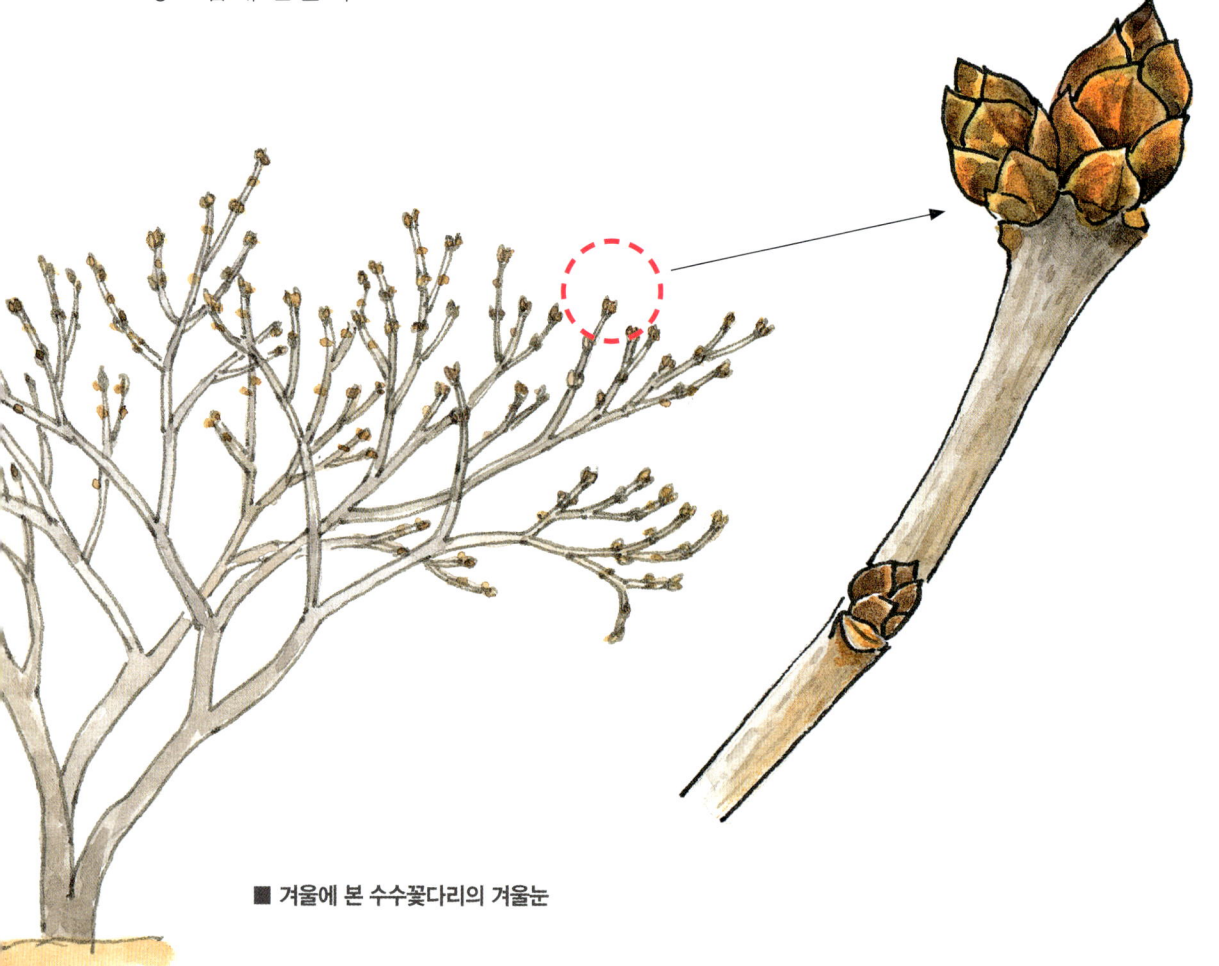

■ 겨울에 본 수수꽃다리의 겨울눈

다시 파브르의 말을 떠올려 보자. 눈이 옷을 잘 입는다니 무슨 뜻일까? 눈은 식물의 아기와 같다고 했지? 사람은 어린 아기를 늘 정성껏 보살피지. 그 이유는 연약하고도 소중하기 때문이야. 눈도 마찬가지야. 눈도 아기처럼 연약해서 보호할 수 있는 튼튼한 옷을 겹겹이 입혀야 해. 눈이 입은 옷의 이름은 '눈비늘'이야. 눈을 보호하는 비늘이란 뜻이지.

식물은 눈에게 안쪽에는 따뜻한 모피를 대고 바깥에는 미끈하고 튼튼한 천을 덧댄 옷을 입혀. 그 옷은 추운 겨울을 이겨 내야 하니까 따뜻하고 물도 스미지 않게 만들어졌지.

■ **여러 나무의 겨울눈**

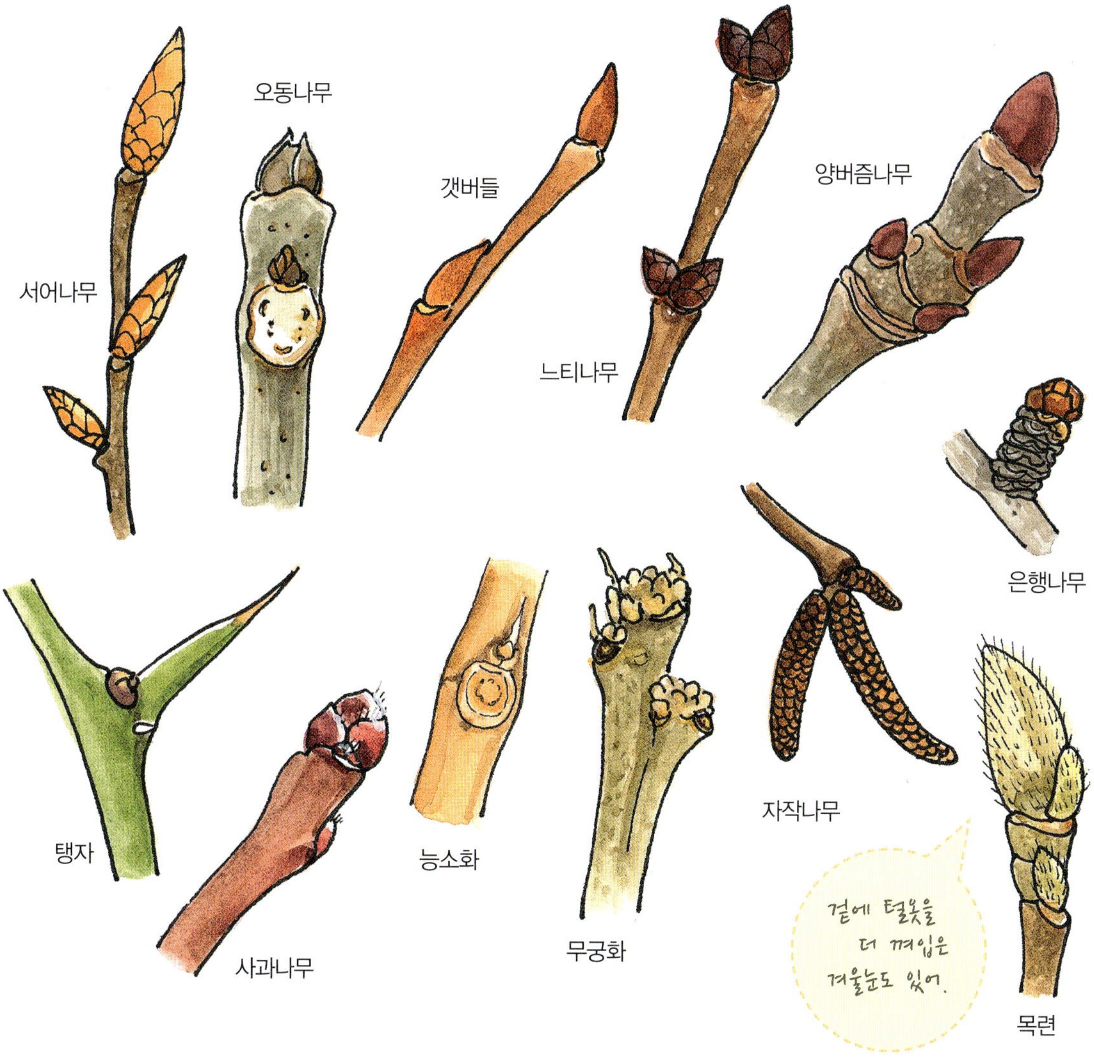

서어나무
오동나무
갯버들
느티나무
양버즘나무
은행나무
탱자
사과나무
능소화
무궁화
자작나무
목련

겉에 털옷을 더 껴입은 겨울눈도 있어.

✳ 눈비늘 옷은 무엇으로 만들었을까?

눈 속이 궁금해서 식물에게 물어봤어.
"이 튼튼한 눈비늘 옷은 어떻게 만들었니? 옷 속은 어떻게 생겼어?"
안타깝게도 식물이 하는 말이 들리지 않아. 식물의 말은 들을 수 없지만, 세심하게 관찰해 보면 많은 이야기를 들을 수 있어.
나무 중에서 튼튼한 눈비늘을 입고 있는 '신갈나무'의 눈을 보자. 핀셋으로 눈비늘 조각을 한 장 한 장 벗겨 보았어.

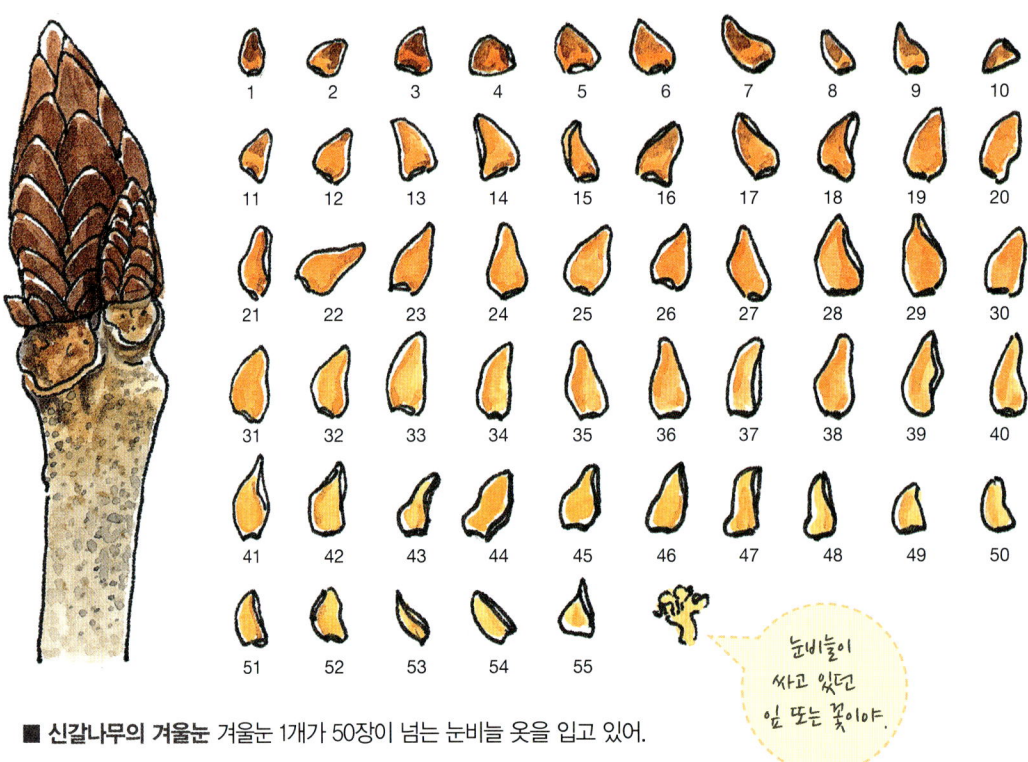

■ **신갈나무의 겨울눈** 겨울눈 1개가 50장이 넘는 눈비늘 옷을 입고 있어.

눈비늘이 싸고 있던 잎 또는 꽃이야.

이 비늘 조각은 눈에게 옷을 입히기 위해 잎이 모습을 바꾼 거야. 파브르는 잎이 희생해서 눈을 보호하는 거라고 했지. 추운 겨울을 이겨 내기 위해 잎이 자신의 모습을 고집하지 않고 바뀌어서 눈을 보호해 주고 있어. 겨울옷으로 바뀐 잎 덕분에 눈 속의 잎과 꽃이 겨울에 얼지 않고 지낼 수 있는 거야.

눈의 옷을 만드는 데에는 나무마다 서로 다른 개성이 있어. 어떤 눈은 잎자루의 밑부분을 입고 있지. 잎자루 속에 쏙 숨어 있어서 잎이 지기 전에는 보이지 않아. 어떤 눈은 아예 옷을 입고 있지 않아. 추운 겨울을 옷도 입지 않고 맨몸으로 이겨 내. 나무마다 똑같지 않고 서로 다르게 가장 잘 어울리는 적절한 옷을 입는 거야. 사람이나 식물이나 개성이 중요해. 우리도 개성을 찾아 키우자. 조금씩 무리 없이~!

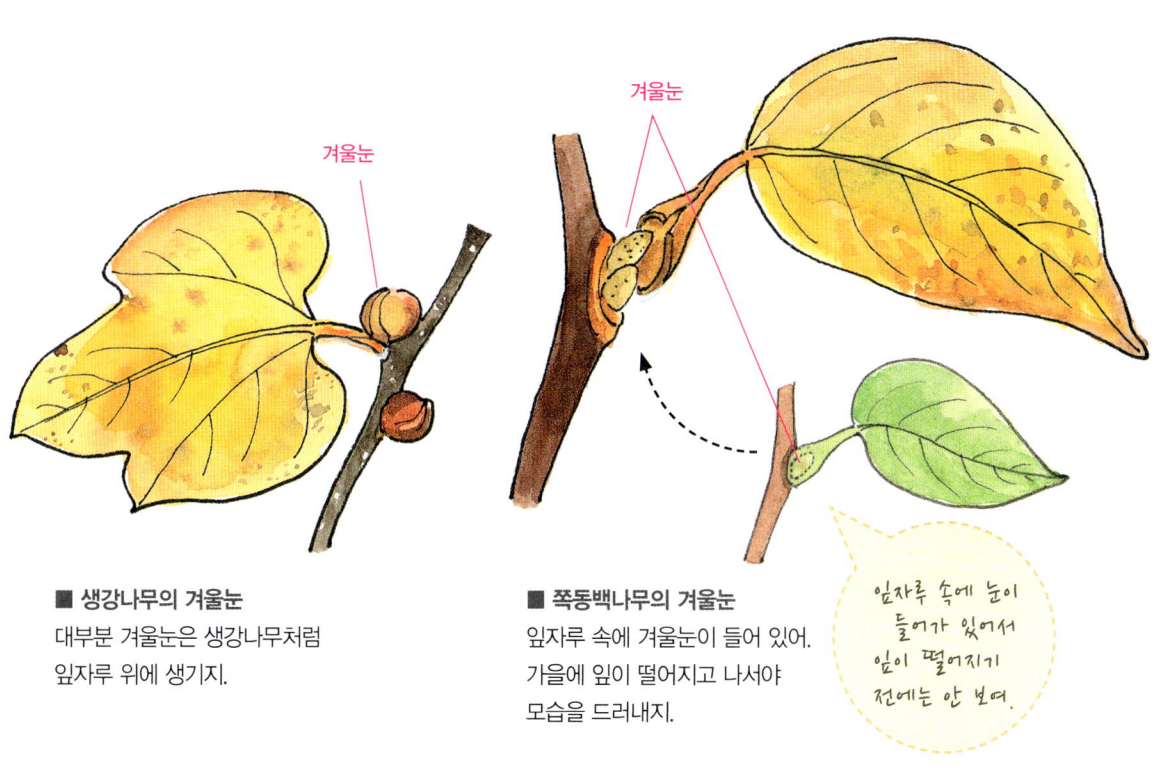

■ **생강나무의 겨울눈**
대부분 겨울눈은 생강나무처럼 잎자루 위에 생기지.

■ **쪽동백나무의 겨울눈**
잎자루 속에 겨울눈이 들어 있어. 가을에 잎이 떨어지고 나서야 모습을 드러내지.

잎자루 속에 눈이 들어가 있어서 잎이 떨어지기 전에는 안 보여.

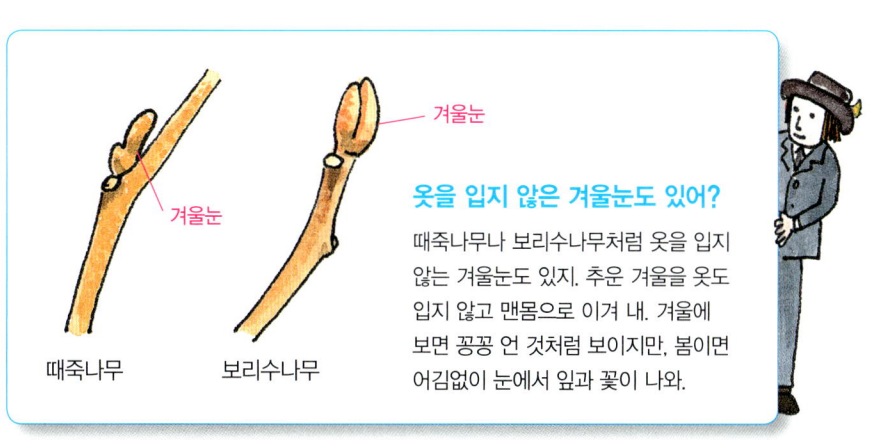

때죽나무 보리수나무

옷을 입지 않은 겨울눈도 있어?

때죽나무나 보리수나무처럼 옷을 입지 않는 겨울눈도 있지. 추운 겨울을 옷도 입지 않고 맨몸으로 이겨 내. 겨울에 보면 꽁꽁 언 것처럼 보이지만, 봄이면 어김없이 눈에서 잎과 꽃이 나와.

❋ 눈 속은 어떻게 생겼을까?

눈비늘이 꽁꽁 싸서 보호하고 있던 것은 잎 또는 꽃이었지. 눈의 한가운데는 어떻게 생겼을까? 히드라를 잘랐던 가위를 다시 한번 꺼내 들었어. 하나만 싹둑 잘라서 보자.

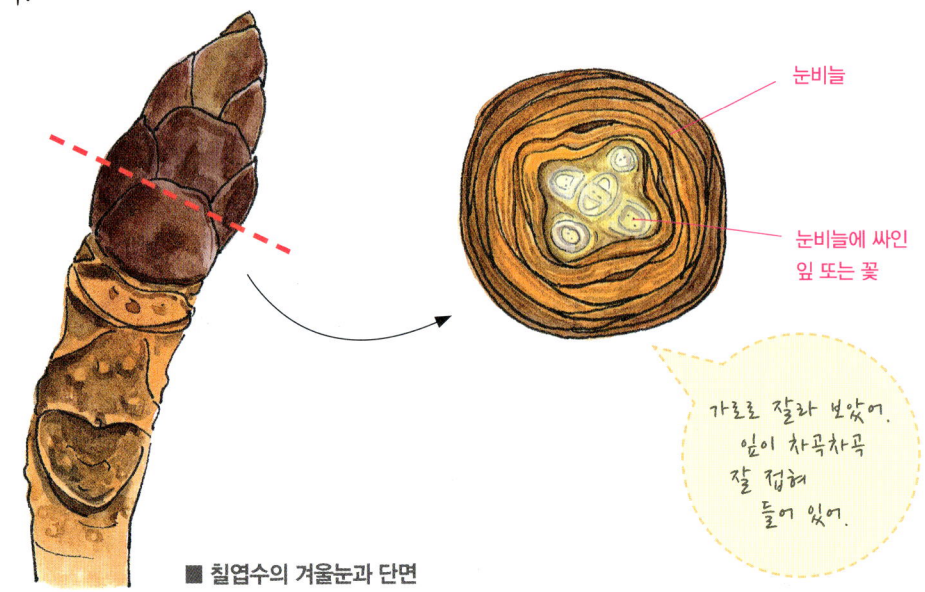

■ 칠엽수의 겨울눈과 단면

가로로 잘라 보았어. 잎이 차곡차곡 잘 접혀 들어 있어.

눈비늘 안에 무언가 차곡차곡 접혀 있지. 꽃잎이나 잎이 접혀 들어 있는 거야. 이미 잎 또는 꽃이 만들어져 있어. 눈비늘 옷 안에 잎이나 꽃을 품고 있는 거야.

겨울눈은 아무리 커도 사람 손톱만 해. 이렇게 작은 공간 안에 수많은 잎 조각들이 솜씨 좋게 접혀 있어. 수많은 잎이 큰 자리를 차지하지 않으려고 어찌나 잘 접혀 있는지 동그란 한 덩어리로 보여. 파브르는 이것을 보고 "짐을 잘 싼다."고 했어. 정말 나무의 눈은 좁은 곳에 많은 것을 담는 법을 잘 알고 있어. 우리가 상상하는 것 이상이야. 손톱만 한 겨울눈 속에 수십 장, 많게는 백 장이 넘는 꽃잎이나 잎이 들어 있어. 찢어지지도 않고 상하지도 않고 말이야.

겨울눈 속에 꽃과 잎을 접어 두는 방법과 솜씨는 나무마다 다 달라. 소용돌이 모양도 있고, 둥글게 되기도 하고, 주름이 잡혀 있기도 하고, 부채 모양도 있지. 만약 겨울눈에게 이 솜씨를 배운다면 아주 작은 가방만 있어도 우리 집 안의 모든 물건을 담을 수 있을 거야.

■ **겨울눈의 단면**

✽ 옷을 입지 않은 여름눈

앞에서 본 눈은 모두 나무의 눈이야. 이번엔 풀을 보자. 풀에도 눈이 있을까? 그럼! 잎겨드랑이에서 나오는 것은 같아. 모양이 다를 뿐이지.

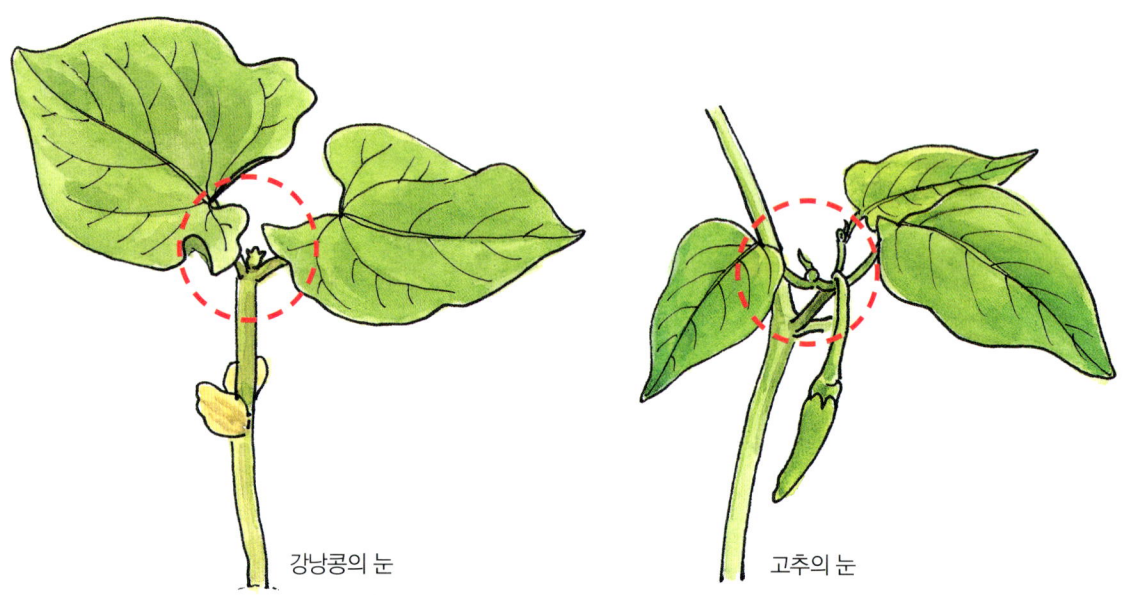

강낭콩의 눈   고추의 눈

나무는 여러 해를 사는 여러해살이 식물이야. 이와 달리 강낭콩과 고추는 한해살이 식물이지. 한해살이풀의 눈은 여러 해를 사는 나무의 눈과 다르게 생겼어. 나무는 겨울을 지내야 하기 때문에 눈에게 따뜻하고 바람이 들지 않는 튼튼한 옷을 입히는데, 한해살이풀은 보통 봄에서 가을까지 살기 때문에 눈에다가 옷을 입힐 새가 없어. 그래서 비늘 조각으로 옷을 만들어 입히지 않아 벌거숭이지. '여름눈'이라고 해. 겨울을 지내지 않고 여름을 지나서 싹을 틔우는 눈이라는 뜻이지.

갈대나 쑥과 같은 여러해살이 식물도 겨울에는 뿌리만 살고 봄부터 가을 동안만 줄기가 살아 있기 때문에 마음이 급해. 머뭇거리거나 쉬지 않고 곧바로 자라서 가지를 틔우고 무럭무럭 키우지. 겨울이 오기 전에 말이야. 시간이 없을 때에는 재빠르게 움직여야 해. 봄부터 가을 동안에 여러 번 눈을 틔워. 그래서 겨울에 줄기가 사라지는 풀의 눈은 옷을 입지 않아.

■ 옷을 입지 않은 여름눈

✱ 눈에 영양을 저장한 식물

히드라와 산호를 다시 떠올려 보자.
둘의 다른 점 기억하니?
히드라의 새끼는 다 자라면
독립해서 혼자 살고,
산호의 폴립은 다 자라도 어른들과
함께 무리지어 살지.
대부분의 식물들은 산호와 비슷해.
산호처럼 계속 한 몸으로 살아가는 거지.
눈은 다 자라도 움튼 가지에 그대로
식물에 머물면서 살아.
이렇게 붙박이로 사는
눈 속에는 영양분을 채워둘
필요가 없어. 영양분을 잎이나
줄기를 통해 얻을 수 있으니까.
산호의 폴립들처럼.

그런데 히드라처럼 아예 떨어져 나와
독립해서 살아가는 식물의 눈도 있어.
참마와 참나리가 그렇지.
이들 눈에는 영양분이 채워져 있어.
독립해서 먹을 수 있는 영양분이
눈 속에 들어 있어서 싹을 틔울 때에
잎이나 줄기의 도움 없이도
혼자서 할 수 있지.

■ 구슬눈이 달린 식물들

참마

히드라가 새끼를 스스로 사냥할 수 있을 때
떠나보내듯이 독립하는 눈도
스스로 먹이를 먹으며
뿌리를 내릴 수 있게 준비를 해서 떠나보내.

이런 눈은 영양이 꽉 차 있어서
생김새가 대개 동글동글하고 통통해.
구슬 모양이라서 '구슬눈'이라고 하지.
한자로는 주아(珠芽)야.
'주'는 구슬이란 뜻이고, '아'는 싹을 말해.

엄마 식물에서 떨어져 나온
동그란 아기인 구슬눈은
봄이 오면 눈 속에 채워진
영양분을 먹으면서 땅에 뿌리를 내리고
푸른 잎을 펼치지.

참나리

산달래

✻ 눈을 먹이기 위한 저축

참마나 참나리의 구슬눈처럼 눈에게 먹일 영양분을 가득 준비해 두는 식물을 또 찾아볼까? 참마나 참나리보다 우리에게 친근한 한해살이풀이 있어. 우리나라 음식에 빠지지 않는 '마늘'이야. 우리가 먹는 부분이 바로 눈이지.

둥글게 모여 붙은 마늘을 한 조각씩 떼어서 보자. 한 조각이 마늘의 눈 하나야. 껍질을 다 벗기면 흰 마늘이 나오지. 흰 살이 두툼하지? 이게 다 눈이 먹을 영양덩어리야.

눈에게 줄 영양분을 많이 저축하려고 힘을 쏟은 결과지. 먹을거리를 잔뜩 저축했기 때문에, 마늘 한 쪽을 똑 떼어서 심으면 다른 도움 없이도 싹과 뿌리를 뻗어 완전한 또 하나의 마늘로 자랄 수 있는 거야.

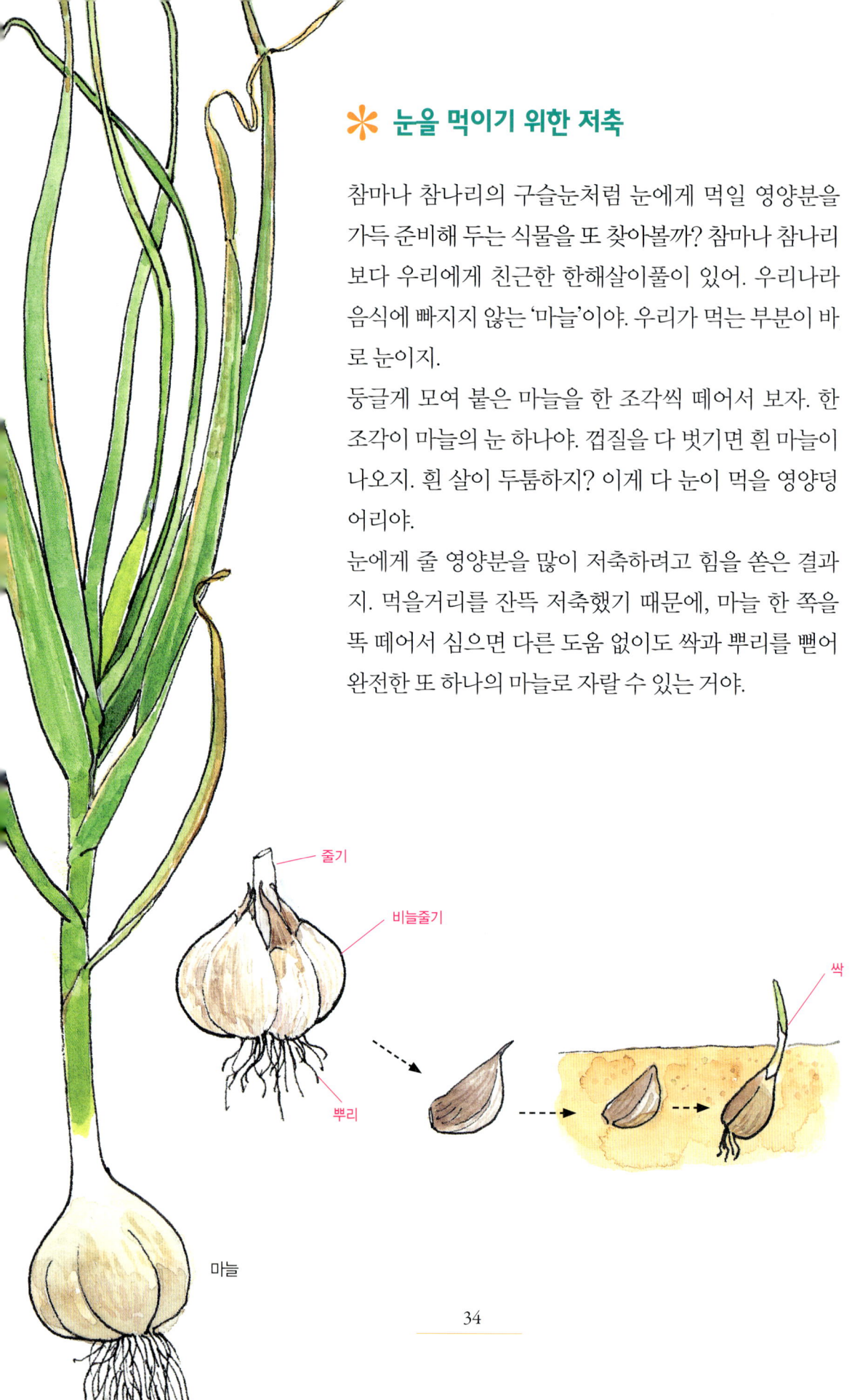

마늘

과학자는 하나만 살펴보고 결과를 내리지 않아. 많은 사례를 관찰하지. 마늘처럼 우리 부엌에서 또 다른 식물의 눈을 찾아보자. 옳지, 양파가 있구나. 영양이 듬뿍 들어 있어서 커다랗지. 그래서 땅속에 묻지 않아도 양파에서 싹이 여러 개 나지. 아마 너희도 부엌에서 보았을 거야. 마늘과 다른 점은 양파는 줄기를 겹겹으로 싸고 있다는 거야.

양파와 단면

마늘과 양파는 요리사에게 맛있는 양념거리를 주려고 몸을 부풀린 게 아니야. 마늘과 양파는 제 눈에게 먹이려고 먹을거리를 모은 거란다.

그런데 마늘과 양파의 줄기를 봐. 눈의 크기에 견주면 무척 가늘거나 작아. 비늘줄기 속의 눈에게 영양분을 많이 주려고 힘을 쏟아 저축을 한 결과지. 어쩌면 식물의 온몸은 눈을 먹이려고 일한다고 봐도 좋을 거야. 식물은 눈에게 왜 이렇게 정성을 들일까? 눈은 아기이기 때문이지. 눈은 식물의 시작이자 희망이야.

✱ 눈을 위해 희생한 줄기

눈을 위해 땅 속의 줄기를 뚱뚱하게 만든 식물도 있어. 이번에도 부엌에서 찾아보자. 줄기가 뚱뚱해진 대표적인 식물로 우리가 반찬이나 간식으로 자주 먹는 감자가 있지. 감자는 땅속으로 뻗는 줄기가 있는데, 그 끝에 영양분을 꽉 채우다 보니 통통해진 거란다.

감자

싹이 난 감자

마늘, 양파, 감자를 보고 파브르는 눈을 위해 줄기가 희생한 거라고 말했어. 마늘이나 양파는 눈에게 먹이를 모아 주느라 줄기가 호리호리 가늘어졌고, 감자는 눈에게 먹일 양분을 저장하느라 땅 속의 줄기가 뚱뚱해졌어. 나무의 겨울눈은 잎이 변신을 해서 보호했지. 이렇게 잎이나 줄기들이 희생한 까닭이 뭐라고? 이제 잘 알겠지만, 식물의 아기인 눈을 위해서지.

눈 안에서 싹을 준비하고 있다가 봄이 되면 뿌리를 내리고 틔우는 거야.

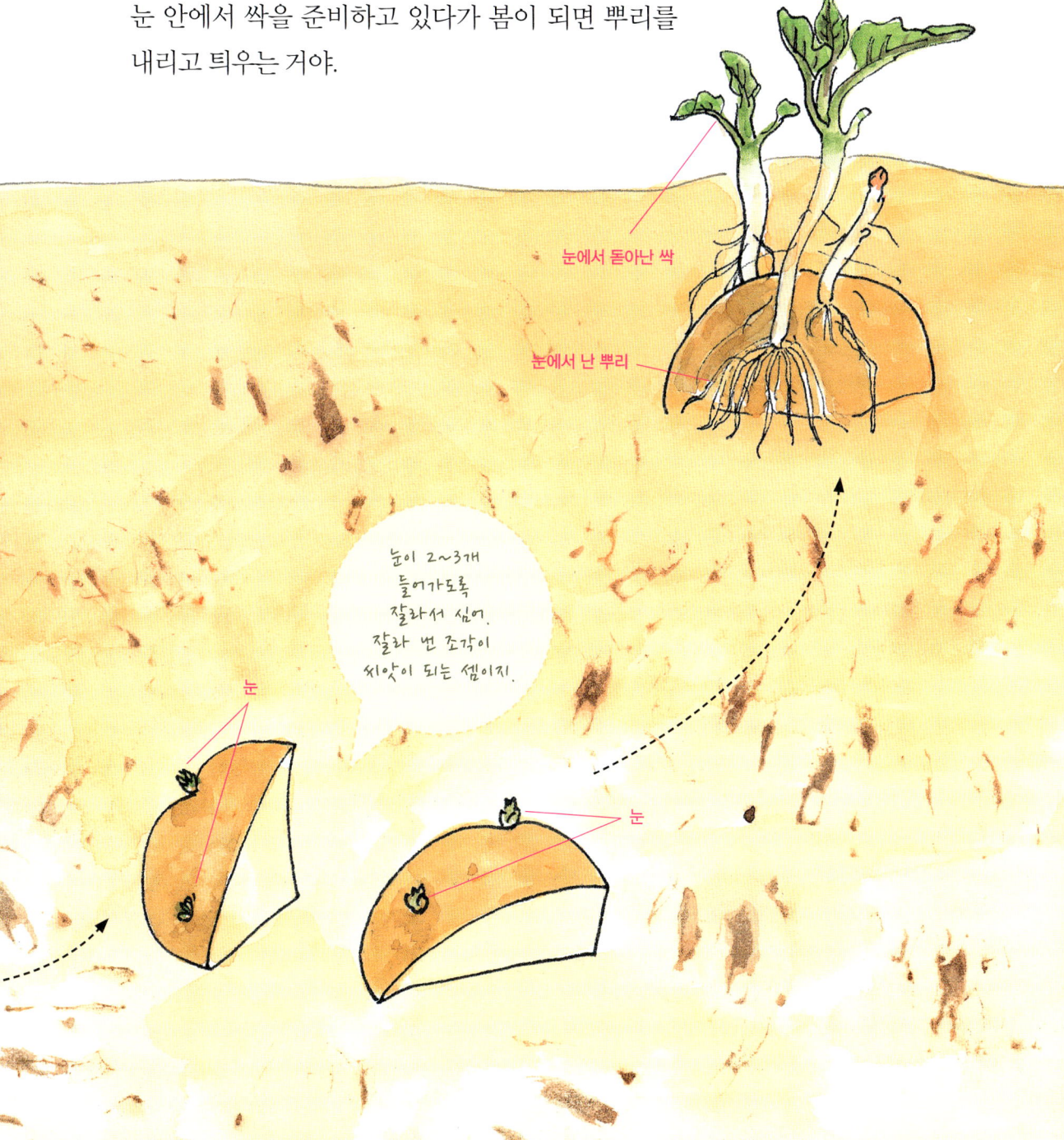

✳ 줄기와 뿌리를 구분하는 기준은 '눈'

어떤 친구들은 궁금해하고 있을 거야. 우리가 먹는 마늘, 양파, 감자를 왜 뿌리가 아니라 줄기라고 하는지 말이야. 우리가 먹는 부분은 다 땅속에 있는데 줄기라고 하니까 틀렸다고 생각했니? 땅속에 묻혀 있다고 다 뿌리는 아니야. 마늘과 양파, 감자에서 우리가 먹는 부분은 다 땅속에서 자라지만 모두 줄기란다.

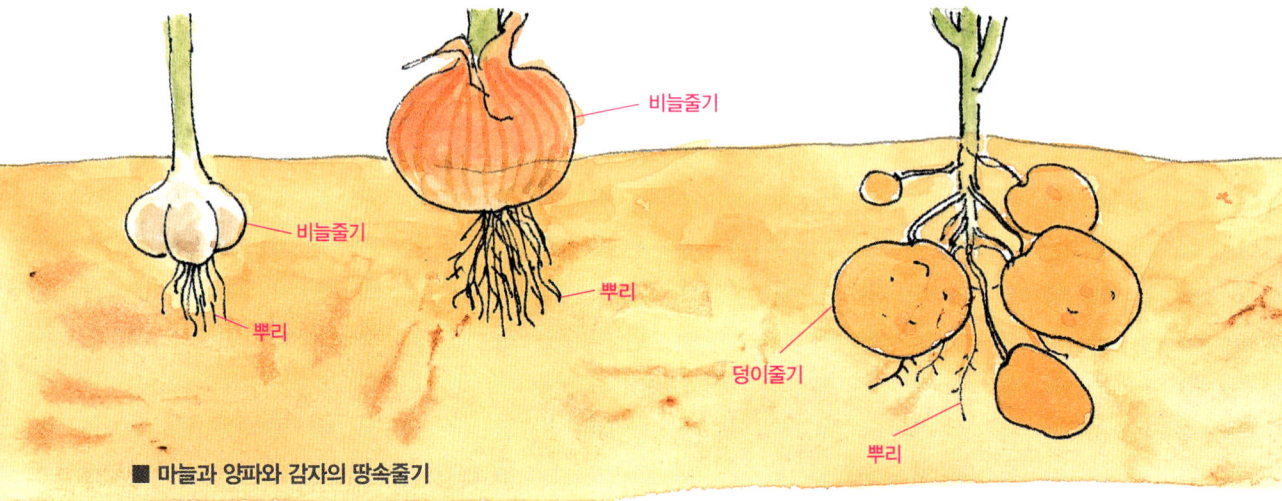

■ 마늘과 양파와 감자의 땅속줄기

감자가 줄기인 까닭을 알아 보기 위해 과학자답게 관찰을 해 보자. 감자에 작고 동글동글한 게 붙어 있지? 아무 옷도 입지 않은 벌거숭이 눈이야. 감자에는 눈이 여러 개 나 있기 때문에 줄기인 거야. 눈인지 어떻게 아냐고? 감자의 눈에서 싹이 나지? 그러니까 분명히 눈이야. 눈이 있는 부분은 줄기라는 것을 기억해. 그럼, 고구마는 줄기일까, 뿌리일까?

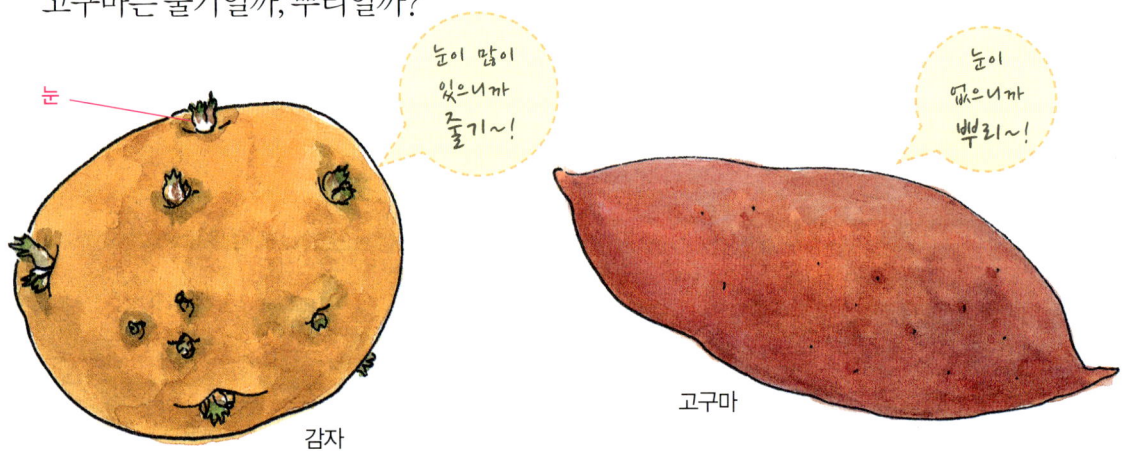

고구마는 뿌리지. 눈이 없거든. 뿌리인지 줄기인지 알아내려면 눈이 있는지 없는지를 보면 돼. 다시 한번 떠올려 봐. 모든 눈은 줄기의 잎겨드랑이에서 나왔잖아. 눈은 줄기에서 나고, 뿌리에는 나지 않아.

확인 문제! 아래 그림은 예쁜 꽃을 피우는 달리아야. 땅속에 묻혀 있는 부분이 감자나 고구마 같아. 뿌리일까, 줄기일까? 뿌리가 분명해. 눈이 없으니까. 다시 한번 말해두자면, 눈은 줄기에 나고 뿌리에는 나지 않아. 그래서 울퉁불퉁 뿌리같이 생겼더라도 감자는 눈이 있으니까 줄기고, 반대로 아무리 감자랑 비슷하게 생겼다고 해도 눈이 없으면 뿌리지.

달리아의 뿌리

세 번째 이야기

나이테

같은 식물의 눈은 모두 한 가족이야.
공기도 햇볕도, 뿌리와 잎에서 오는 먹이도,
또 힘든 고통까지도 골고루 나누며 자라나지.
하지만 어떤 눈은 새싹을 틔우고
어떤 눈은 가까스로 연약한 잎을 펼치며,
또 어떤 눈은 가지나 잎을 펼치지 못하기도 해.
모두가 평등하게 살아야 하지만
살아가는 과정은 다 다를 수 있단다.
하지만 조촐한 잎을 펼친다고 뒤떨어지는 것도 아니고
화려한 꽃을 피운다고 모두 훌륭하기만 한 것은
아니라는 걸 너희도 잘 알고 있지?

함께 모여 공동체로 살아가는 식물의 눈은
탁월한 지혜를 발휘해.
어떤 지혜를 보여 줄지 기대해.

✱ 힘을 모아 함께 내린 뿌리

모든 식물의 눈은 공통의 특징이 있어. 뿌리를 내린다는 점이지. 모든 식물은 물과 영양을 얻기 위해서 꼭 뿌리가 필요해. 흙 속에 있는 물과 영양분을 빨아들이기 위해서는 뿌리가 필요한 거야.

땅에 떨어지는 구슬눈은 땅에 바로 뿌리를 내리지. 히드라와 비슷해.
그럼 나무의 꼭대기에 난 눈은 어떻게 흙까지 뿌리를 내릴까? 키가 작은 풀들도 눈과 땅은 한참 떨어져 있잖아. 참나무나 느티나무처럼 가지에서 땅까지 수십 미터가 넘는 나무는 말할 것도 없지.

참나리

눈

눈에서 내린 뿌리야.

여기서 대단한 식물의 능력을 볼 수 있어. 눈마다 뿌리를 내리는 것이 아니라 여러 개의 눈이 모여서 힘을 모아 뿌리와 통하는 길을 만드는 거지. 사람들이 마을에 공동으로 수도관을 만드는 것과 비슷해. 식물은 정말 지혜로워!

여러 눈들이 함께 만든 통로는 줄기에 있어. 흙에서 공동의 통로로 올라온 물과 영양은 여러 눈에게 골고루 나눠지. 통통한 눈이든 마른 눈이든 그늘진 곳에 있든 햇빛을 받고 있든 굵은 가지에 붙어 있든 새로 난 가느다란 줄기에 붙어 있든 골고루. 산호의 폴립들이 골고루 영양을 나누어 먹었던 것과 비슷해.

여러 개의 눈이 만든 통로야.

나무 꼭대기의 눈도 땅속뿌리와 이어져 있어.

✱ 나이테가 생기는 까닭

여러 개의 눈이 함께 내린 공동의 통로는 줄기와 껍질 사이에 생긴다고 했지? 나무는 이 길을 한 해에 한 번씩 만들어. 봄에 새로운 눈이 생기지? 그때 해마다 새롭게 뿌리를 내리면서 줄기를 관통하는 통로가 만들어지지. 그래서 우리가 잘 아는 '나이테'가 생겨나는 거야.

> 줄기에는 다 나이테가 생겨. 가느다란 줄기에도 나이테가 있지.

봄에 생긴 통로는 그해 겨울이면 닫히고, 다시 새봄이 오면 새로운 통로를 만들면서 한 해에 한 번씩 나이테가 생기는 거야. 나이테는 나무가 사람한테 나이를 알려 주려고 생긴 것이 아니야. 나이테는 새로 생긴 나무의 눈이 여럿 힘을 모아 공동으로 뿌리를 내린 길이란다. 이제 나무의 나이테를 보면 몇 살 먹었나 세어 보는 것에서 멈추지 말고, 눈과 뿌리 사이의 영양분이 지나간 통로라는 것도 기억해 주렴.

가장 오래된 나이테는 어느 것일까?

한가운데의 나이테가 처음 생긴 거야. 그럼 올해에 생긴 젊은 나이테는? 그래, 가장 바깥쪽의 나이테야. 새 가지가 돋아나면 가지마다 새롭게 나이테가 생겨. 새로 생겼다는 것은 올해(지금 현재!) 눈과 뿌리의 영양이 서로 통하고 있다는 뜻이야. 그러니까 바깥의 나이테가 상하면 나무는 살아갈 수 없어. 대신에 줄기 가운데가 비어서 오래된 나이테가 상해도 나무는 살아갈 수 있지.

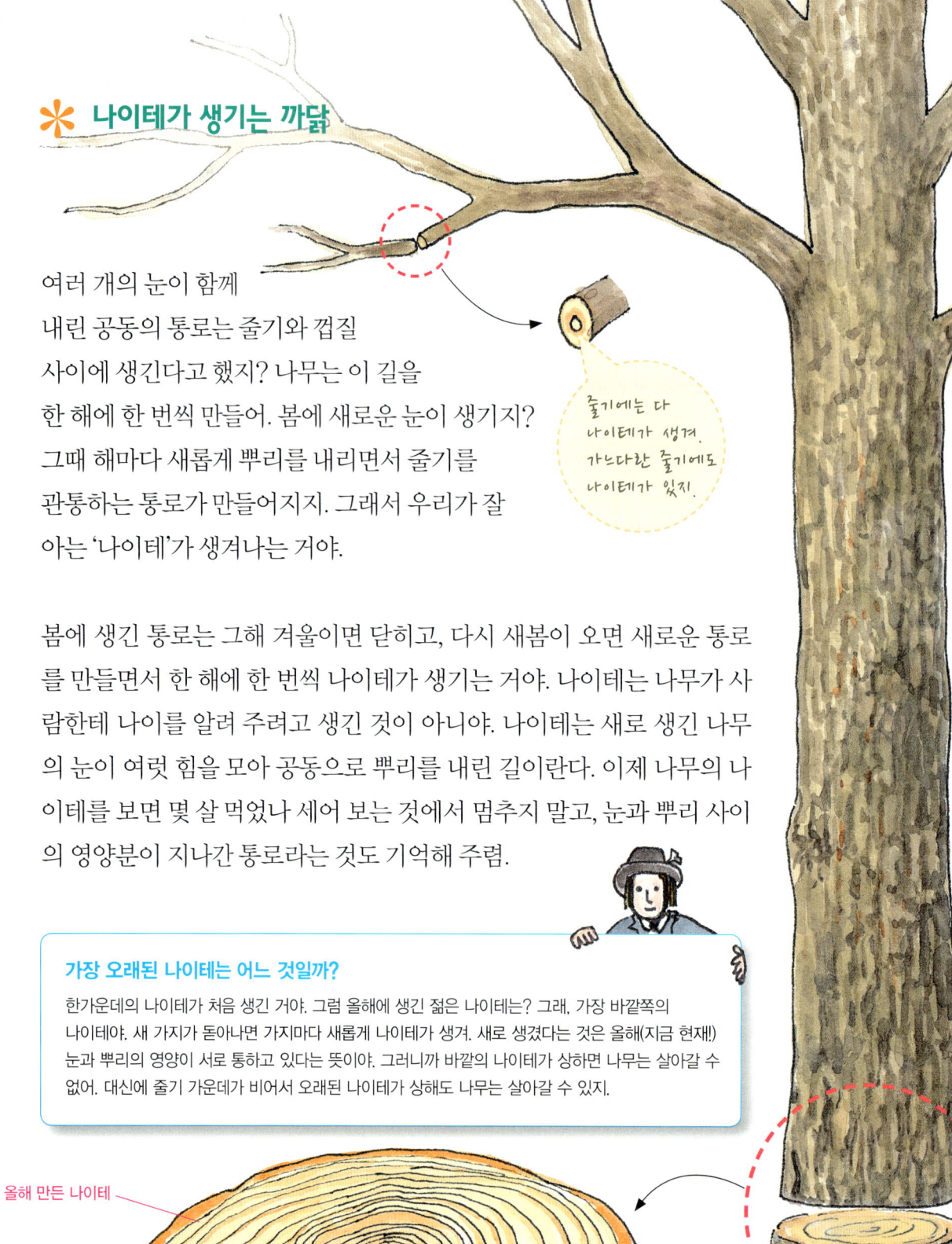

올해 만든 나이테
가장 오래된 나이테
느티나무

파브르는 이렇게 말했어.

"나무는 해마다 새롭게 젊어진다."

나무는 해마다 새로운 나이테를 만들면서 대개 수백 년을 살아가지. 나무가 아무리 오래되었다 해도 언제나 새롭고 젊은 나이테를 동시에 갖추고 있어.
이렇게 나이테를 눈과 땅이 연결된 거라고 알고 보니 어때? 나이테가 새롭게 보일 거야. 나이테는 눈에게 영양분을 주는 길이야. 동물의 혈관과 같아. 막힘이 있으면 안 되겠지. 이럴 땐 동물과 식물은 구분하기가 어려울 정도로 비슷하단다.

해마다 새로운 나이테가 생기기 때문에 오래된 나무의 속이 비어도 건강하게 살 수 있어.

느티나무

✻ 나이테로 읽어 낸 밤나무의 역사

어느 날 파브르는 쓰러져 있는 밤나무를 보았어. 나무꾼이 베어서 쓰러진 밤나무였어. 파브르는 마음이 아팠지. 안타까운 마음으로 잘린 줄기를 보며 밤나무가 그동안 어떻게 살아왔는지 읽어 내려갔어.

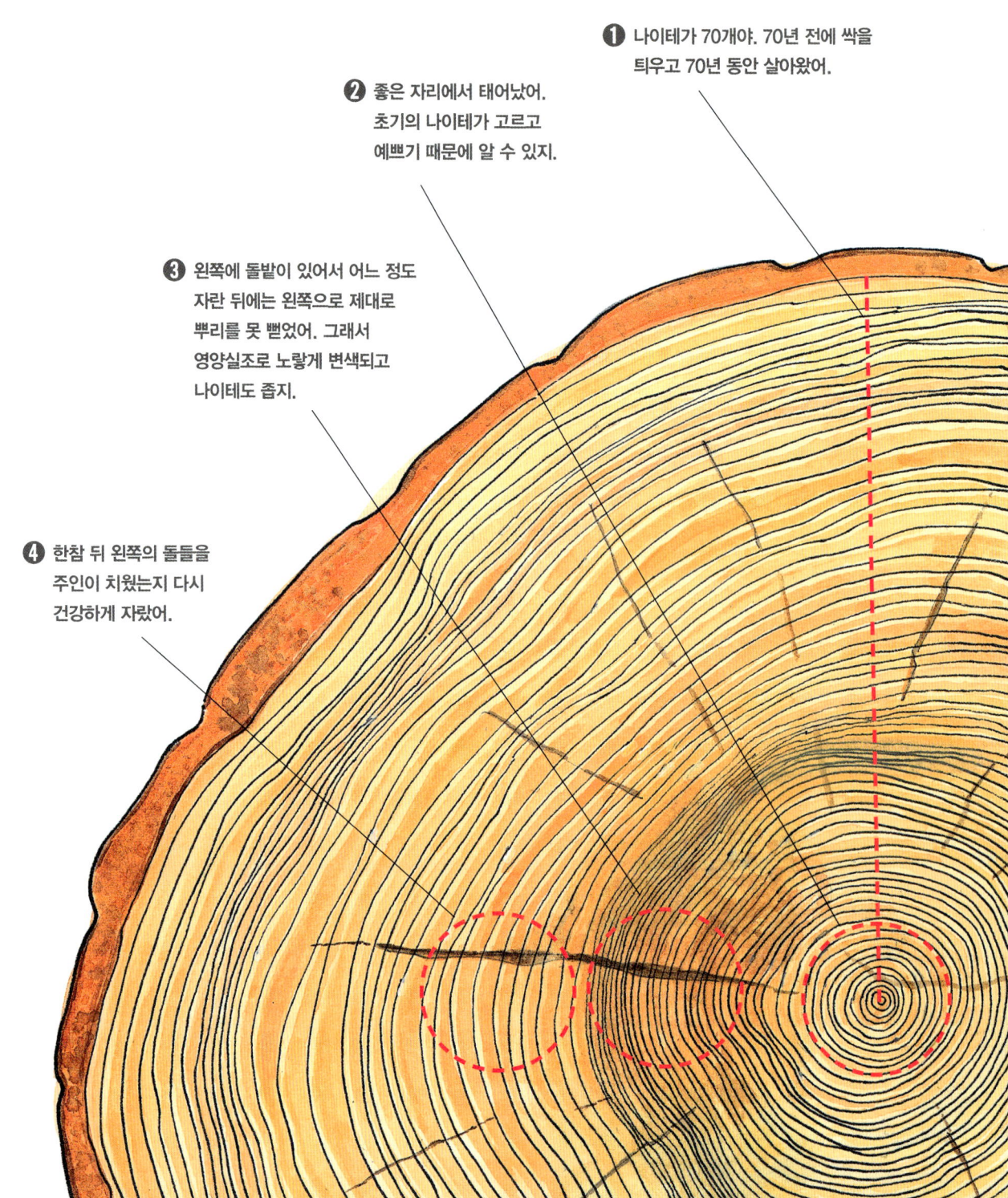

❶ 나이테가 70개야. 70년 전에 싹을 틔우고 70년 동안 살아왔어.

❷ 좋은 자리에서 태어났어. 초기의 나이테가 고르고 예쁘기 때문에 알 수 있지.

❸ 왼쪽에 돌밭이 있어서 어느 정도 자란 뒤에는 왼쪽으로 제대로 뿌리를 못 뻗었어. 그래서 영양실조로 노랗게 변색되고 나이테도 좁지.

❹ 한참 뒤 왼쪽의 돌들을 주인이 치웠는지 다시 건강하게 자랐어.

나이테는 나무의 역사책이야. 밤나무의 나이테만 보고 70년 동안 살아온 길고 많은 이야기를 읽어 냈어. 나이, 출생지, 서식지 환경, 그리고 어떤 재난을 겪었는지도 알 수 있어. 만약 나무꾼이 베지 않았더라면 앞으로 500~600년은 더 살 수 있을 정도로 건강하다며 파브르는 마음 아파했지.

우리나라 곳곳에서 수백 살 먹은 나무를 만나는 것은 어려운 일이 아니야. 또 천연기념물로 지정된 나무들을 보면 천 살이 넘은 나무도 있어. 나무는 참 오래 살아. 이 나무들도 파브르가 본 밤나무처럼 긴 시간 동안 많은 일을 겪으며 지금까지 살아온 거야.

우리나라에는 수백 살 먹은 나무가 많아.

❼ 마지막으로 생긴 나이테야. 70년 동안 살아온 밤나무는 앞으로 500년, 600년도 더 살 수 있었지만 사람에게 베여 생을 마쳤어.

❻ 열매가 적게 맺힌 해에는 나이테의 폭이 넓고 열매를 많이 맺는 해에는 나이테의 폭이 좁아. 날씨도 나이테에 기록돼. 가뭄이 들거나 겨울이 혹독하게 추운 해에는 나이테의 폭이 좁지.

❺ 밤나무 오른쪽에 참나무가 있는 걸 보니 이때에 참나무와 밤나무가 서로 힘겨루기를 했나 봐. 나이테가 좁아져 있어.

✻ 잘 자라고 금세 회복하는 눈

식물들이 지혜롭게 오랫동안 살아 낼 수 있는 힘은 어디에 있을까?
아마도 '눈' 때문일 거야. 식물은 각각 자신의 눈을 잘 키우기 위해서 무척 애쓰지. 눈을 위해 먹이를 주고 옷을 입혀 보호하지. 그 덕분에 눈은 혼자서도 잘 살 수 있고 모여서도 잘 살 수 있어. 그리고 한 그루의 나무, 한 포기의 풀 입장에서 말하면 하나의 눈이 상하더라도 다른 눈에서 잎과 꽃을 피워 낼 수가 있지. 눈은 되살아나는 힘이 아주 크거든.

어린 식물이든 나이든 식물이든, 새봄이 되면 부지런히 눈을 만들고 뿌리를 내려. 그런 다음에는 잎을 키우고 꽃을 피우며 열매를 맺기까지 쉼 없이 일해. 식물은 성장을 멈추지 않아.

히드라   참나리

눈을 만들고 꽃을 피우는 식물 이야기

우리가 지금까지 본 나무와 풀은 모두 꽃식물(종자식물)이야. 우리가 오늘날 실제로 보는 식물들도 대부분 꽃식물이지. 꽃을 피우고 씨앗을 만든 뒤에 씨앗으로 번식하는 꽃식물에는 소나무나 은행 같은 '겉씨식물'과 목련이나 사과 같은 '속씨식물'이 있어. 꽃식물(종자식물)은 이름 그대로 꽃이 피고 열매를 맺지. 그리고 바로 '눈'이 있어. 눈은 한 식물에 여러 개가 생기기 때문에 식물이 조금 손상을 입어도 다른 눈에서 다시 성장하며 금세 회복할 수 있어.

꽃식물이 아닌 식물도 있어. 고사리류나 이끼류는 꽃이 피지 않아서 '민꽃식물'이라고 해. 포자로 번식하지. 식물의 진화로 보면 이끼류, 고사리류, 겉씨식물, 속씨식물(외떡잎식물, 쌍떡잎식물) 순서로 나타났지.

이 책에서는 앞으로도 꽃식물을 중심으로 볼 거야. 꽃식물은 오늘날 식물 중에 80~90퍼센트를 차지할 만큼 우리 주변에서 가장 흔히 볼 수 있거든.

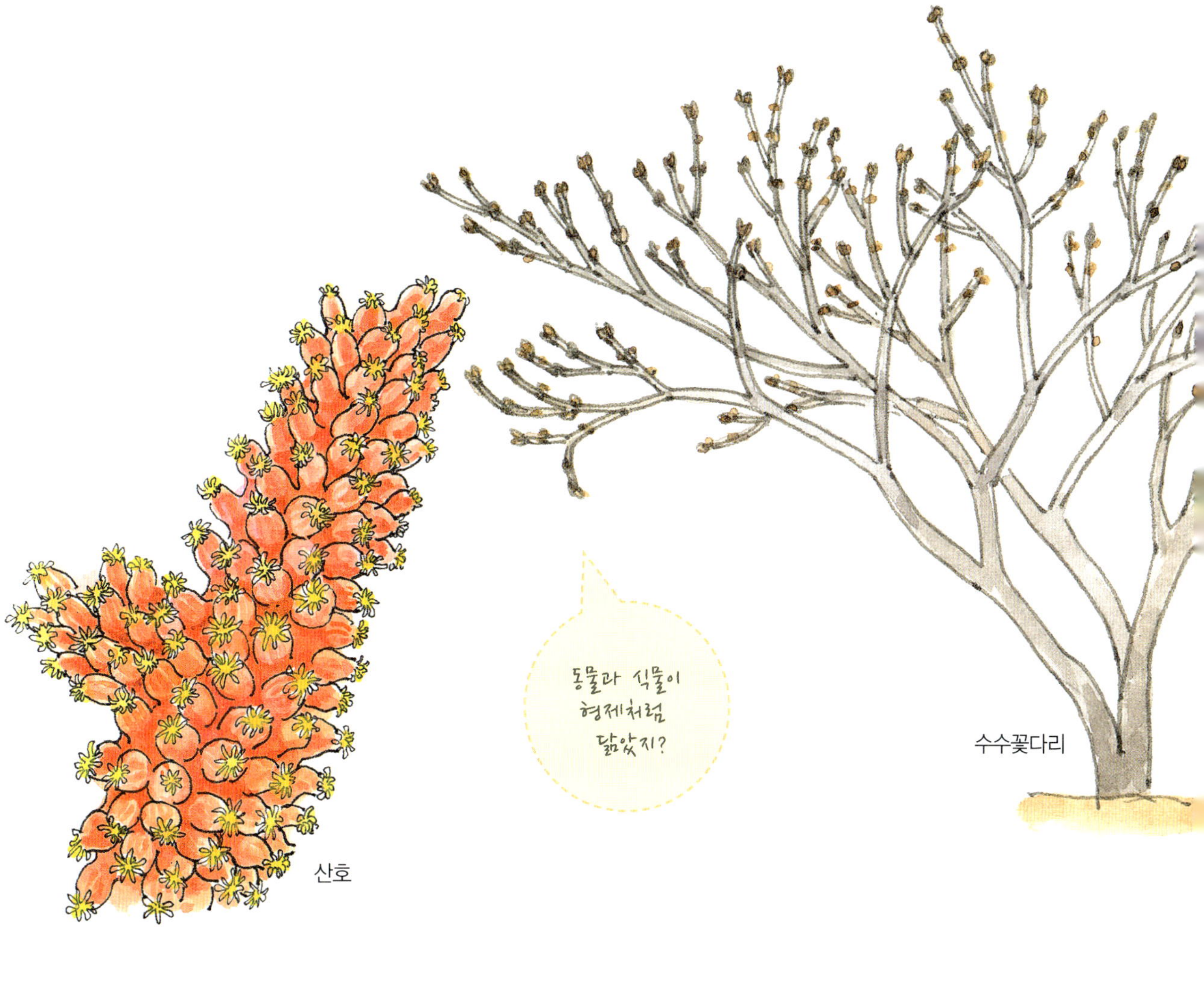

동물과 식물이 형제처럼 닮았지?

산호

수수꽃다리

세포 * 줄기 * 뿌리

네 번째 이야기

세포

"이제부터 식물의 '기본 기관'에 대해
이야기하려고 합니다."
이렇게 시작하려니까 정말 딱딱하고 재미없군.
파브르는 '기본 기관'의 정의를 배우는 것은
어린이들에게 너무 힘겨운 일이라고 얘기했어.
역시 파브르는 어린이들 마음을 무척이나 잘 알아.

식물의 기본 기관은 '세포'를 말해.
동물이든 식물이든 살아있는 모든 생물은
세포로 이루어져 있어.
세포는 아주 작아서 맨눈으로 보이지 않기 때문에
이해해기가 쉽지 않아. 어렵다고 포기할 수는 없어.
세포를 이해하는 것은 생물을 이해하고,
또 과학 공부를 하는 데에 기초가 되거든.
맨눈에 보이지 않는 작은 세포를 알려면 상상력이 필요해.
상상할 준비 됐니?

✱ 식물의 기본 단위, 세포

식물의 기본 기관인 세포는 몹시 작아. 세포를 열 개 넘게 모아도 바늘 끝만큼의 크기밖에 안 돼. 현미경이 있어야 보이지. 식물의 세포를 이해하기 위해 우리가 늘 쓰는 종이를 볼 거야.

종이를 식물로 만든다는 건 누구나 잘 알고 있어. 물에 씻고 삶고, 두들기고, 누르고 펴고, 말리고……. 이렇게 거칠고 혹독한 과정을 거치고 남은 것이 바로 종이야. 그럼 이 종이는 식물의 어떤 부분이 남은 걸까? 식물 속 섬유질이 남은 것인데, 이것은 세포들을 감싸고 있는 주머니야. 이렇게 식물에는 식물 섬유가 들어 있지.

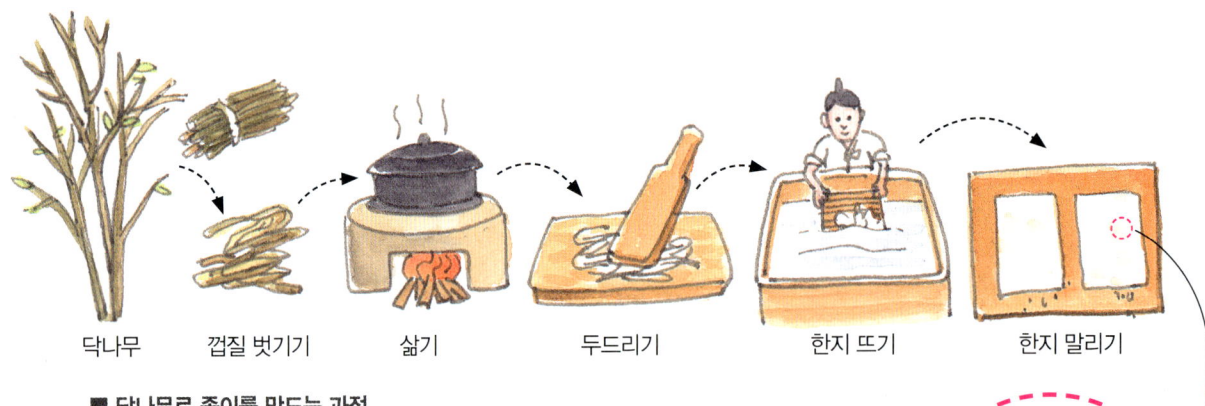

닥나무   껍질 벗기기   삶기   두드리기   한지 뜨기   한지 말리기

■ **닥나무로 종이를 만드는 과정**
식물의 섬유소만을 남겨서 만드는 것이 종이야.

생물은 모두 세포로 이루어져 있어. 식물뿐만 아니라 동물도 세포로 이루어져 있지. 돌이나 흙과 같은 무생물은 세포가 없어. 이것이 생물과 무생물의 차이야.

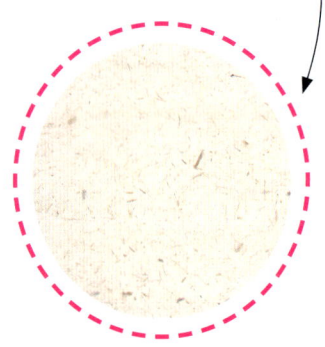

세포벽 안에는 무엇이 있을까?

액체가 차 있어. '유액'이라고 하는데 우유 같은 액체라는 뜻이야. 대개 세포 안에는 유액이 가득 차 있어. 식물마다 유액의 성질은 다 달라. 열매를 보면 무화과 열매에는 꿀맛 나는 액체가, 호두 열매에는 기름기 많은 액체가, 아직 익지 않은 감에서는 떫은맛이 나는 액체가, 또 어떤 열매에는 사람에게 독이 되는 액체가 차 있기도 해.

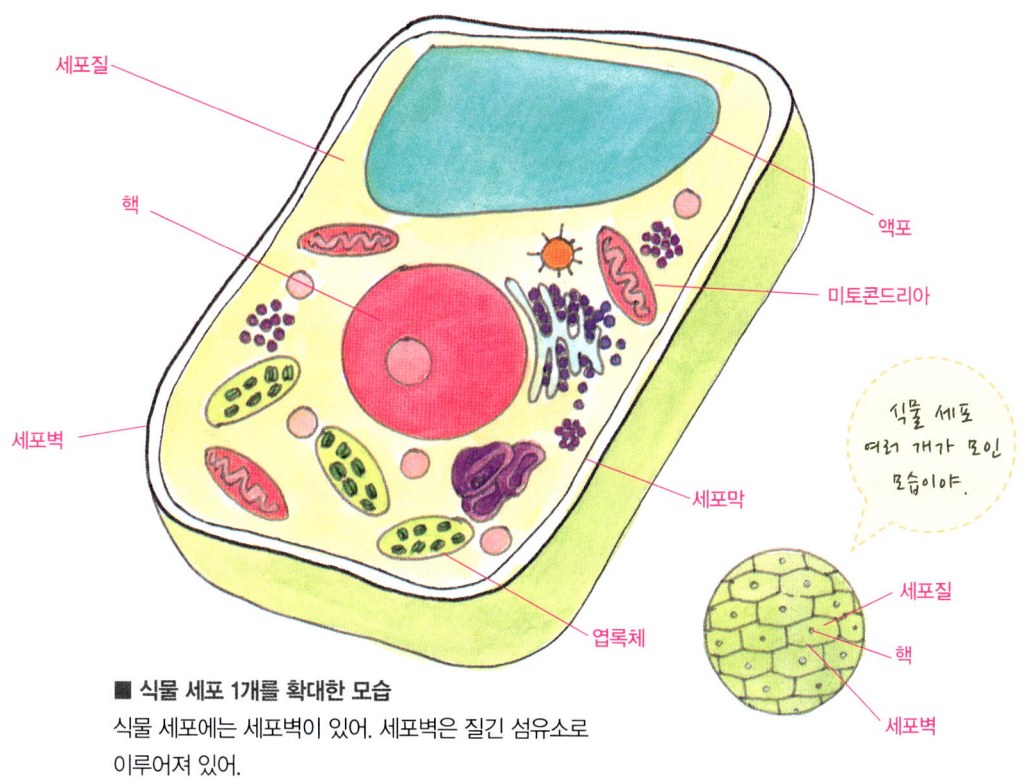

■ **식물 세포 1개를 확대한 모습**
식물 세포에는 세포벽이 있어. 세포벽은 질긴 섬유소로
이루어져 있어.

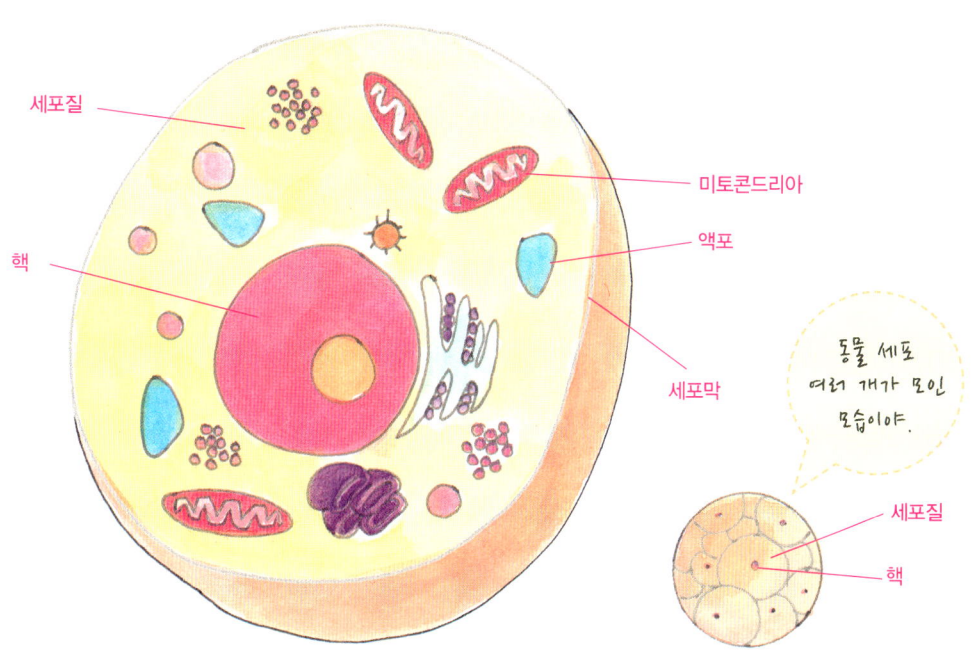

■ **동물 세포 1개를 확대한 모습**
모든 세포는 얇은 막으로 싸여 있어. 식물 세포와 달리 동물 세포에는
세포벽이 없고, 엽록체도 없어.

✳ 빠르게 자라는 세포

세포는 새로 생기기도 하고 또 죽기도 해. 식물이나 동물이 자란다는 것은 세포가 생겨나서 많아진다는 뜻이고, 식물이나 동물이 죽는다는 것은 세포가 죽었다는 뜻이지. 건강한 세포가 충분히 모여야만 눈, 줄기, 뿌리, 잎, 꽃 들이 튼튼히 자랄 수 있어. 식물은 세포들을 새롭게 만들고 늘려 가면서 변화무쌍한 모습을 만들어 내는 거란다.

꽃
잎
줄기
뿌리

세포의 모양과 연결되는 방법은 식물의 조직마다 달라.

세포는 투명한 막으로 싸인 조그만 주머니라고 생각하면 돼. 식물을 사람이 짓는 건물에 비유해 보자면 세포는 벽돌과 같아. 여러 개가 질서 있게 쌓여서 갖가지 형태를 만들기 때문이야. 식물은 쉬지 않고 세포를 만들고 쌓아. 한창 자랄 때에는 세포를 쌓는 속도가 빨라서 빙빙 눈이 어지러울 정도야. 식물이 아무런 움직임이 없다고 생각했다면 이제 그 생각을 바꾸는 게 좋을 거야.
누구나 잘 알고 있는 호박을 볼까? 한창 성장할 때는 열매 무게가 하루 만에 1킬로그램이 늘어. 생각해 봐. 현미경으로 봐야 보일 만큼 작은 세포가 하루 만에 쌓여서 1킬로그램이 된다니! 강낭콩은 한창 자랄 때에 잎 한 장에서 1시간(하루도 아니고 한 시간!)에 세포 2000개를 만들지. 정말 놀랍지?

■ 세포가 늘어나는 과정
핵이 나뉜 다음에 세포벽이 갈라지면서
세포가 하나 더 늘어났어.
이렇게 분열을 하면서
식물은 성장하지.

호박

✱ 세포는 무얼 먹고 늘어날까?

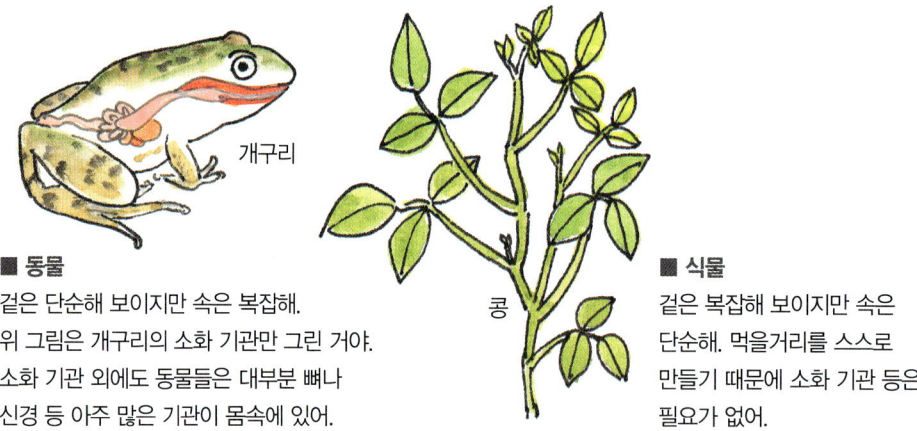

■ 동물
겉은 단순해 보이지만 속은 복잡해.
위 그림은 개구리의 소화 기관만 그린 거야.
소화 기관 외에도 동물들은 대부분 뼈나
신경 등 아주 많은 기관이 몸속에 있어.

■ 식물
겉은 복잡해 보이지만 속은
단순해. 먹을거리를 스스로
만들기 때문에 소화 기관 등은
필요가 없어.

식물은 스스로 영양을 만드는 놀라운 재주를 가졌어. 동물은 못 하는 일이야. 특히 식물은 '눈'이 먹을 음식을 가장 맛있고 알차게 만들어 내. 맛있고 양도 많은 영양분을 만들어 내는 것은 세포야. 그럼 눈을 위해 세포가 만들어 낸 최고의 음식은 무엇일까? 그것은 '녹말(탄수화물)'이야.

우리가 자주 먹는 감자도 녹말덩어리야. 녹말만 놓고 보자면, 맛도 없고 냄새도 없지. 우리는 감자를 어떻게 먹지? 그래, 꼭 불에 익혀서 먹어. 찌거나 볶거나 구워서 먹지. 감자는 생으로 먹으면 배탈이 나. 감자가 독성을 섞어 놓았기 때문이야. 그래서 불을 이용할 줄 아는 유일한 동물인 사람만이 감자를 익혀서 먹어. 감자를 익히면 독성이 없어지거든. 뿐만 아니라 맛도 좋아지지.

■ 감자에서 녹말만 모아서 요리하는 과정
감자를 잘게 갈고 걸러내면 감자 녹말이 모여. 가라앉은 것이 식물이 만들어낸 녹말이야.
감자의 녹말만 모아서 우리는 감자 수제비를 만들어 먹어.

사람만 녹말을 먹을 수 있게 바꾸는 게 아니야. 그 재주는 식물이 더 훌륭해. 왜냐하면 불도 대지 않고 녹말을 세포가 먹게끔 바꾸니까 말이야. 이런 능력은 과학자도 흉내 내지 못한단다.

식혜 좋아해? 명절 때마다 엄마가 해 주시는 식혜는 참 달달해. 식혜만의 독특한 맛은 '엿기름'에서 나와. 엿기름은 보리를 싹 낸 거야. 녹말덩어리인 단단했던 보리쌀알은 싹이 나면 몰랑몰랑해져. 손가락으로 세게 눌러 보면 아기가 먹는 젖처럼 묽은 즙이 나오지. 이처럼 식물은 녹말을 당분으로 바꾸어서 눈에게 먹여. 그래서 엿기름이 달달한 맛을 내지. 식물이 스스로 바꾼 녹말을 우리가 음식에 써먹는 셈이야.

곡식이 싹을 틔울 때, 엿기름과 같은 과정을 거쳐. 식물은 스스로 만든 녹말을 저장해 두기도 하고 저장했던 녹말을 녹여서 먹으며 세포를 늘려가며 성장을 하지.

■ **보리로 엿기름 내는 과정**
보리를 물에 불렸다가 건져 두면 싹을 내지. 단단했던 보리가 싹이 날 때는 말랑말랑해지지.
묽게 바뀐 녹말을 먹으면서 뿌리가 내리고 싹을 틔우는 거야.
사람은 불을 이용해서 녹말을 먹을 수 있게 바꾸는데, 식물은 스스로 요리를 해서 먹는다고 말할 수 있어.

✱ 썩지 않으면 어떻게 될까?

여기서 잠깐 '균'에 대해서 알아 보고 가자. 파브르는 이쯤에서 균에 대해 이야기했어. 왜냐고? 파브르가 살던 때에는 곰팡이나 버섯을 작은 식물들로 여겼단다. 지금은 식물이 아니라 균으로 따로 분류되지. 부르는 이름과 분류는 달라졌지만, 예나 지금이나 균이 하는 일은 똑같아.

■ **곰팡이가 핀 딸기 잼과 귤**
우리가 자주 보는 곰팡이는 균이야.

가까운 곳에서 균을 관찰해 보자. 이번에도 부엌에서 곰팡이를 찾았어. 오래된 딸기 잼에 곰팡이가 피었네. 귤에도 곰팡이가 피었구나. 아깝지만 이젠 먹을 수 없지. 곰팡이가 핀 것은 상했다는, 그러니까 썩었다는 뜻이야. 곰팡이가 원망스럽다고? 이렇게 생각해 보자.
내 머리털이 하나 빠졌어. 작고 가느다란 머리카락에 불과하지만, 썩지 않는다고 상상해 봐. 내 머리카락만 있는 게 아니야. 우리 가족, 우리 마을과 우리나라 사람들, 세계 사람들, 그리고 모든 동물의 털이 하나씩 빠졌는데, 썩지 않는다면 어떻게 될까? 아마도 지구는 털투성이가 될 거야.

균이 없다면
동물의 털만으로도
지구는 이미
털보가 되었을
거야.

동물이든 식물이든 모든 생명체가 썩지 않았다면 지구는 벌써 쓰레기더미가 되었겠지. 썩는다는 것을 '분해'되었다고 말하기도 해. 썩으면서 세포를 이루고 있는 물질들이 작게 쪼개지기 때문이지. 죽은 생명체는 그 모양이 사라지지만 생명체를 이루고 있던 물질들은 흩어져서 자연으로 되돌아가게 돼.

파브르는 곰팡이를 두고 '나에게는 손해지만 지구 전체를 보면 이익'이라고 말했어. 균 때문에 딸기 잼을 먹을 수 없게 되었지만, 썩게 해서 청소를 하는 거니까. 우리가 공부하고 있는 식물이나 동물과 같은 생물은 언젠가는 모두 썩게 되지. 죽어서 썩는다는 것은 분해가 되어서 자연으로 되돌아간다는 뜻과 같아. 이 일을 맡은 게 바로 '균'이야.

썩지 않는 물건들

요즘엔 썩지 않는 것이 너무나도 많아. 비닐, 플라스틱으로 만든 물건 말이야. 썩더라도 수백 년이 지나야 썩는 것도 많지.
썩는 것은 자연으로 돌아가지만 썩지 않는 것은 쓰레기가 돼.
이를 파브르의 말을 흉내 내서 말해 보자면 '썩지 않는 물건들은 나에게는 유용하지만 지구 전체에는 손해'인 거 같아.

날마다
지구에는
수많은 쓰레기가
쌓이고 있어.

다섯 번째 이야기

줄기

세포라는 기본 기관을 알았으니까,
이제부터 세포가 다양하게 만들어 내는
식물의 줄기, 뿌리, 잎, 꽃을 각각 살펴보자.
파브르는 이중에서 식물의 '줄기'를
가장 먼저 이야기했어.

식물은 하나라기보다는 줄기, 뿌리, 잎, 꽃이라는
여러 부분이 모여 이루어진 가족과 같아.
줄기, 뿌리, 잎, 꽃을 생각해 봐.
정말 다르게 생겼지?
하는 일도 매우 달라.
그런데 동시에 함께 이어져 있어.
이때 서로 다른 부분들을 이어 주는
다리 역할을 하는 것이 바로 '줄기'야.
파브르가 설명한 순서대로 따라가 보자.

✱ 줄기의 겉옷은 헌 옷, 속옷은 새 옷

여러 식물을 대표해서 벚나무를 보면서 줄기의 특징을 알아 보자. 벚나무 앞에 섰어. 뭐가 보이니? 나무가 우리에게 보이는 첫 모습은 줄기의 겉옷이야. 나무도 품격 있게 옷을 갖추어 입고 있단다. 그런데 나무줄기의 겉옷은 헌 옷이야. 나무는 남의 눈을 중요하게 여기지 않아. 자기가 맡은 일을 하려고 겉옷을 투박하고 허름하게 입는 거야.

나무껍질은 무슨 일을 하느라 늘 이런 헌 옷을 입을까? 나무껍질은 줄기 속을 보호하고 있어. 거친 겉옷을 입고 밖의 공격을 막아 줘. 더위나 추위, 병균의 침입을 막고 상처가 나는 것도 줄여 주지. 또 나무 안을 보호하는 역할도 해. 나무 안에서 해마다 새롭게 생기는 관다발도 보호하고, 세포 속에 있는 수분이 밖으로 빠져나가지 않게 막지.

벚나무

나무껍질에 가로로 그어진 무늬가 있어. 흠집처럼 보여. 이것은 '껍질눈'이야. 나무껍질도 숨을 쉬어야 해. 껍질눈은 줄기 속과 공기가 통하는 작은 구멍이지.

■ 여러 나무의 껍질눈

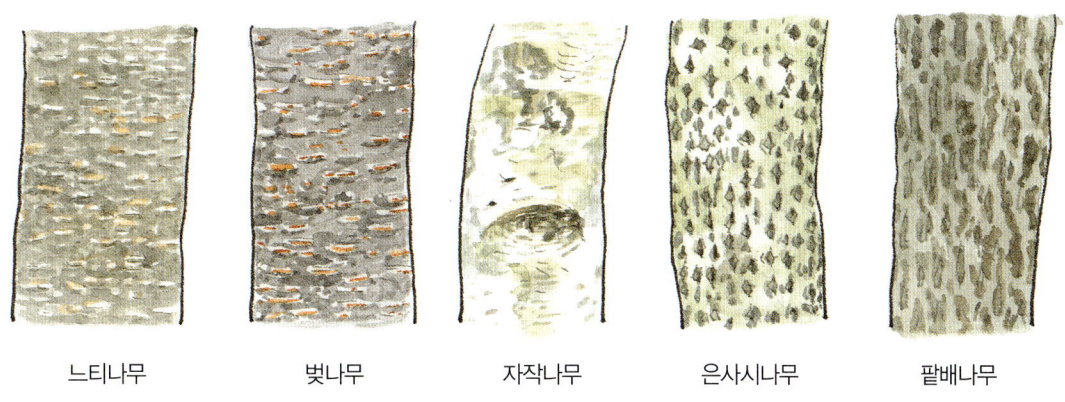

느티나무　　벚나무　　자작나무　　은사시나무　　팥배나무

나무껍질을 벗겨서 볼까? 아래 그림을 봐. 봄에 새로 난 버드나무 가지로 피리를 만들었어. '호드기'라고 해. 나무껍질이 속심과 잘 분리되지. 속심을 뺀 껍질의 끝부분을 납작하게 눌러서 입으로 불면 호뜩호뜩 피리 소리가 나. 버들피리는 나무껍질로 만드는 자연의 악기야.

■ 호드기(버들피리) 만들기

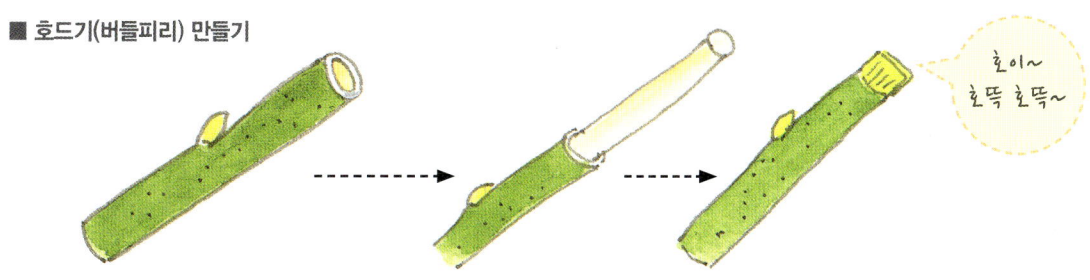

호이~
호뜩 호뜩~

소나무 껍질은 식량이 모자라서 굶어 죽는 사람이 생겼을 때에 구황 식물로 쓰였어.

✳ 줄기 속 들여다보기

소나무 껍질을 먹어 본 적이 있니? 요즘에는 먹는 사람이 거의 없지. 하지만 옛날에 식량이 너무 모자라서 굶어 죽는 사람이 생겼을 때에는 중요한 식량이었어. 죽음이 코앞이니 배를 채울 수 있는 건 뭐든 먹었지. 그때 유명한 구황 식물 중 하나가 바로 소나무였어. 구황 식물은 흉년에 곡식 대신 먹을 수 있는 식물을 말해. 그래서 우리나라의 옛 요리책에는 소나무 껍질을 안전하게 먹는 방법이 나온단다.

껍질 중에 어느 부분을 먹었을까? 소나무의 '흰 껍질'을 먹었어. 거친 겉껍질을 벗겨 내고 흰 부분을 먹은 거야. 그럼 왜 나무줄기의 한가운데 속살은 먹지 않았을까? 한가운데 속살인 속심은 죽은 세포로 채워져 있기 때문이야. 오른쪽 그림을 봐.

소나무

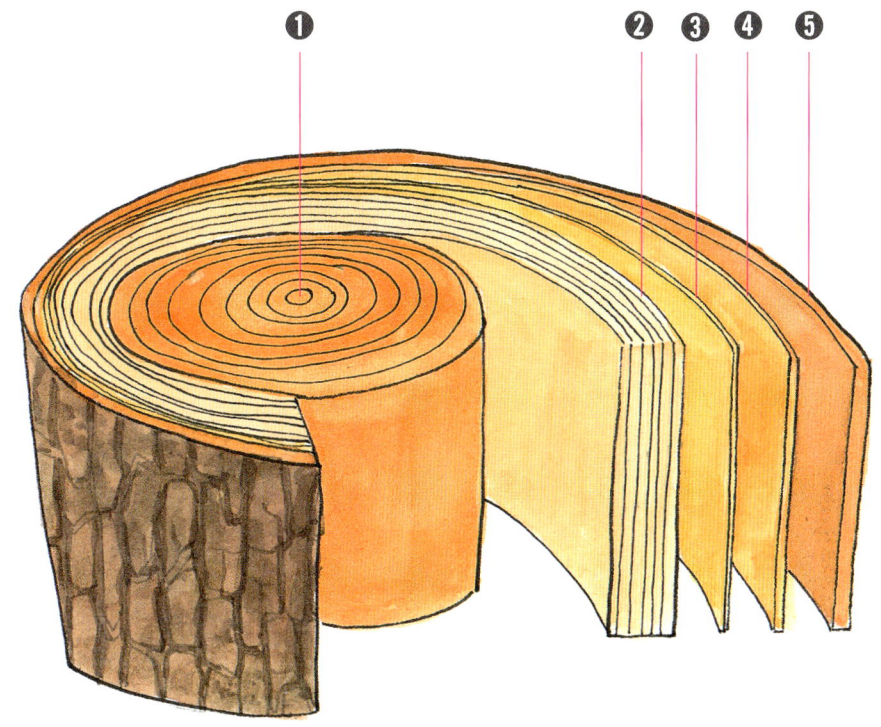

❶ **속심(심재)** : 나무 속심은 죽은 세포로 채워져 있어. 그래서 먹을 수 없어. 심재는 한때 살았지만 지금은 죽어서 단단하게 굳은 채로 나무를 튼튼하게 지탱하지. 우리가 집을 짓거나 가구를 만들 때 쓰는 부분이 심재야.

❷ **물관(변재)** : 속심을 둘러싸고 있어. 물관은 뿌리에서 물이 올라오는 길이야.

❸ **부름켜(형성층)** : 얇은 세포층이야. 해마다 새롭게 물관과 체관을 만드는 일을 해. 왕성한 세포 분열이 이루어지면서 안쪽에 물관, 바깥쪽에 체관을 만들지.

❹ **체관** : 나무껍질의 안쪽이야. 체관은 잎에서 만든 양분을 나무 구석구석으로 옮기는 길이야.

❺ **겉껍질(코르크층)** : 나무껍질의 바깥쪽이야. 보통 거칠고 딱딱한 세포로 만들어져 있지.

이제 왜 소나무의 속심과 겉껍질을 빼고 흰 속껍질을 먹었는지 알겠지? 양분이 흐르고 있고 세포가 살아 있는 부분을 먹은 거야. 옛사람들은 참 지혜롭게도 나무의 영양이 흐르고 있고 세포가 살아 있는 부분을 알았던 거지. 이처럼 모든 나무는 겉에는 예전에 만든 헌 옷을 입고, 속에는 올해에 만든 새 옷을 입어.

✱ 식물의 핏줄, 관다발

이번에 우리가 줄기 속에서 눈여겨볼 것은 '관다발'이야. 관다발이라는 어려운 단어가 나와도 걱정할 것 없어.

자, 뜻을 먼저 새겨볼까? 관다발은 '관이 묶음으로 있다'는 뜻이지. 관은 길쭉하고 속이 비어있는 걸 말해. 수도관, 가스관처럼 어떤 물질이 지나는 통로를 말할 때 많이 쓰지. 식물 속에는 관이 다발로 있는 거야. 자, 그림을 보며 자세히 알아보자. 동물의 핏줄을 들여다보는 것처럼 속내를 들여다보기가 쉽지 않으니까 천천히 가 보자.

■ 쌍떡잎식물의 관다발을 확대해 본 모습
아주 크게 확대한 모양이야. 작은 빨대 뭉치처럼 보여.

물관 부름켜 체관
관다발

관다발은 '물관, 부름켜(형성층), 체관'을 함께 묶어서 부르는 이름이야. 관다발에는 물과 양분이 동물의 핏줄 속처럼 이동하고 있지. 뿌리에서 빨아들인 것은 물관을 통해 올라가고 잎에서 만든 영양분은 체관으로 흘러.

■ 여러 식물들의 줄기에 들어 있는 유액

줄기에 상처가 나면 밖으로 흘러나오는 유액을 볼 수 있어.
유액은 식물이 상처를 입었을 때 나쁜 균이 들어오는 것을 막아 줘.
때로는 독성 있는 액체를 만들어 자신을 보호하기도 해.
사람은 흉내 낼 수 없는 솜씨야.

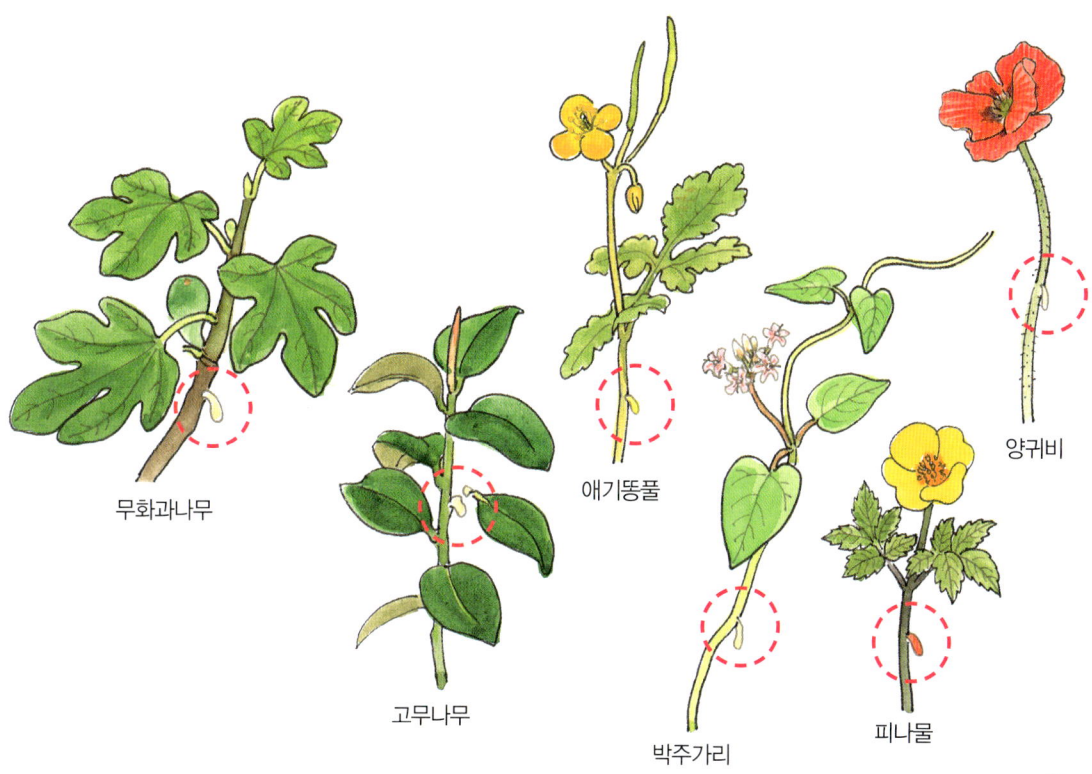

무화과나무　　고무나무　　애기똥풀　　박주가리　　피나물　　양귀비

관다발이 없는 식물도 있을까?

이끼류나 지의류처럼 관다발이 없는 식물도 있지. 관다발이 있는지 없는지에 따라 고등식물과 하등식물로 나누어. 꽃식물(종자식물)은 관다발이 있는 고등식물이야. 고등식물과 하등식물을 나누는 기준이 여럿 있는데 그 중에서 줄기의 관다발을 가장 중요하게 본단다.

 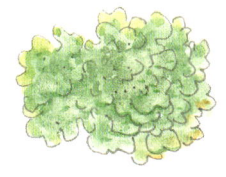 

▲ **이끼류** : 바위나 나무껍질 등에 붙어 살아. 관다발이 없어. 또 꽃도 피지 않지. 하등식물로 분류돼.

▲ **지의류** : 바위에 붙어 살아. 관다발이 없고 꽃을 피우지 않아서 하등식물로 분류해.

▲ **고사리류** : 관다발은 있어. 하지만 꽃은 피지 않고 포자로 번식해. 고등식물과 하등식물의 중간에 있는 식물이야.

✱ '외떡잎식물'과 '쌍떡잎식물'의 차이점

이쯤에서, 천천히 가더라도 쉬엄쉬엄 가더라도 먼저 알아 두면 좋은 이야기를 해 줄게. 외떡잎식물과 쌍떡잎식물 이야기야. 우리가 흔히 보는 풀과 나무는 외떡잎식물이거나 아니면 쌍떡잎식물에 속하거든.

천천히 이름을 읽어 봐. '외-떡-잎', '쌍-떡-잎'. 발음하기도 쉽지 않구나. 이런 용어를 처음 만났을 때에는 우선 어떤 뜻인지 새겨보자. 뜻을 알고 나면 반은 안 거야. 그리고 기억하기도 쉽지.

외떡잎은 '떡잎이 한 장'이라는 뜻이고, 쌍떡잎은 '떡잎이 두 장'이라는 거지. 그럼 '떡잎'은 뭐지? 씨앗에서 처음 나온 잎을 말해.

외떡잎식물의 떡잎   쌍떡잎식물의 떡잎

외떡잎식물과 쌍떡잎식물은 속도 다르고 겉도 달라. 그럼, 겉에서 보면 어떤 차이가 있을까? 이름처럼 떡잎부터 다르겠지. 씨앗에서 싹이 날 때 떡잎이 몇 장인지를 보고 이름을 지은 거니까. 또 잎과 꽃 모양도 달라. 뿐만 아니야. 땅속의 뿌리 모양도 서로 달라. 떡잎부터 시작해서 모든 게 다 다르구나.

■ 외떡잎식물 : 잎, 꽃, 뿌리   ■ 쌍떡잎식물 : 잎, 꽃, 뿌리

우리가 살펴볼 줄기의 속을 우선 볼까? 파브르는 질서 없는 줄기와 질서 있는 줄기라고 말했어. 외떡잎식물은 질서가 없고, 쌍떡잎식물은 질서를 지킨다는 거야. 어떤 질서가 있고 없다는 것일까? '관다발'의 질서를 말해. 외떡잎식물은 관다발이 여기저기 흩어져 있고, 쌍떡잎식물은 규칙적으로 자리를 잡고 있어.

■ **외떡잎식물**
외떡잎식물의 줄기를 가로로 자른 모습이야. 외떡잎식물은 관다발이 흩어져 있어. 부름켜는 없어.

■ **쌍떡잎식물**
어린 쌍떡잎식물의 줄기를 가로로 자른 모습이야. 쌍떡잎식물은 관다발이 규칙 있게 생기지. 해마다 부름켜가 물관과 체관을 만들면서 줄기를 굵게 키우며 자랄 수 있어.

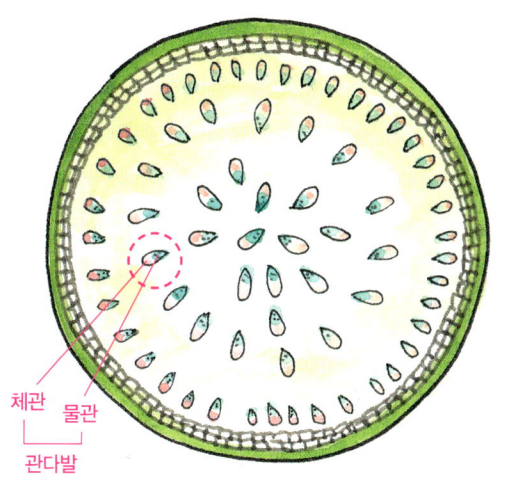

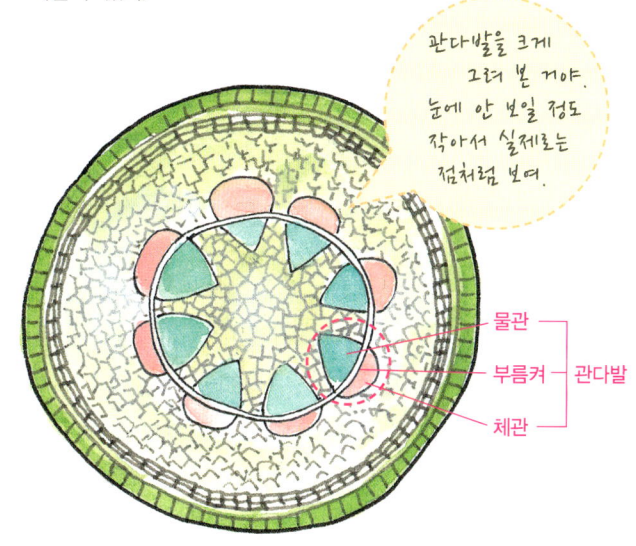

관다발을 크게 그려 본 거야. 눈에 안 보일 정도 작아서 실제로는 점처럼 보여.

벼   바나나 나무

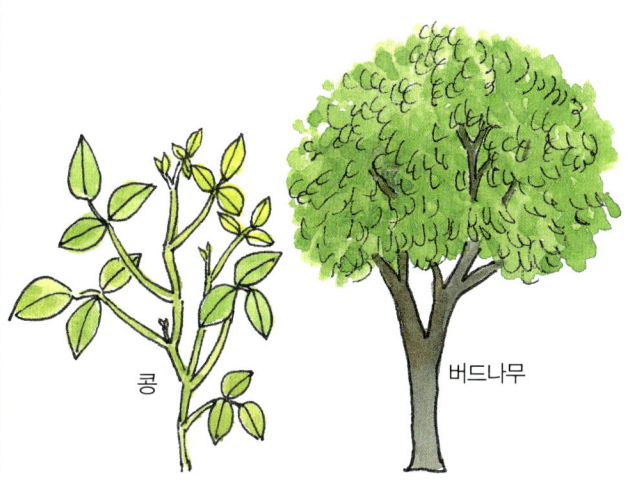

콩   버드나무

✱ 줄기 속을 비운 외떡잎식물의 힘

쌍떡잎식물과 외떡잎식물은 당연히 줄기 모양이 서로 달라. 파브르는 쌍떡잎식물은 아름다운 규칙을 철저히 지키는 바른생활 식물이라고 했고, 외떡잎식물은 쌍떡잎식물보다 서툴다고 했어. 그리고 외떡잎식물은 굵게 자라서 재목이 되지도 못해. 왜 그러냐고? 외떡잎식물들은 속을 비우며 자라기 때문이지. 외떡잎식물은 계속 쌍떡잎식물과 비교당하면서 기분이 나빴을지도 몰라. 그런데 여기서 파브르가 외떡잎식물을 크게 칭찬하는 일이 생겨.

자, 오른쪽 식물을 봐. '조'라는 곡식이야. 알곡이 아주 많이 달리지. 늦가을에 알알이 익어서 이삭이 더욱 무거워졌어. 줄기가 굵어지지 않지만 바람이 불어와도 쓰러지지 않지. 이렇게 가느다란 줄기로 와글와글 모여 달린 무거운 알갱이를 매달고 있는 힘은 어디서 나올까? 바로 줄기 속이 비어 있기 때문이지. 새가 가볍게 날갯짓을 하며 몸을 하늘로 띄울 수 있는 건 날개 뼈의 속이 비어 있기 때문인 것과 비슷해.

■ **잘 익은 조**
수많은 알곡을 달고 있어도 줄기가 끊어지지 않아.
줄기가 질기고 속이 비어 있기 때문이야.

새가 잘 날 수 있는 것도 날개의 뼈 속이 비어 있기 때문이야.

조, 벼, 밀 같은 볏과 식물은 모두 외떡잎식물이고, 속이 빈 줄기로 이삭을 지탱해. 볏과 식물에게 물어보자. 감나무나 참나무 같은 관다발을 만들 수 있는 쌍떡잎식물이 되고 싶지 않느냐고. 이런 대답이 들려와.

"풍성한 알곡을 다 달고 있으려면 줄기 속을 비워야 해. 그래서 줄기 속을 비울 수 있는 외떡잎식물이 나에게는 어울려. 그러니 참나무 같은 쌍떡잎식물이 부럽지 않아."

✱ 줄기가 자라나는 여러 가지 형태

식물은 여러 가지로 분류해 볼 수 있는데 관다발로도 알아볼 수 있고, 꽃을 보고도 분류하고, 줄기의 생김새를 보고도 분류해. 이렇게 분류를 하는 까닭은 식물의 특징을 잘 알 수 있기 때문이야. 이번에는 줄기의 생김새로 한번 볼까?
나무나 풀을 떠올려 봐. 줄기가 어떻게 생겼느냐에 따라 전체 모양이 좌우되지. 나무 전체 모양을 '수형'이라고 해. 큰키나무도 있고, 덩굴지는 나무도 있어. 또 대개의 풀처럼 한 해만 살아서 가느다란 줄기도 있고, 나무처럼 겨울을 지내면서 오랫동안 점점 굵어지는 줄기도 있지. 생각보다 아주 여러 모양의 줄기가 있을 거야. 하나씩 살펴보자.

느티나무　　　소나무

■ 줄기가 곧게 자라는 큰키나무

줄기가 뻗어 나가는 모습을 볼까? 줄기의 모양새에 따라 크게 큰키나무와 덩굴나무로 나누어 볼 수 있어.
큰키나무는 원줄기가 곧고 굵어. 느티나무, 은행나무, 감나무 등 잘 알고 있는 나무가 여기에 해당돼. 모두 단단한 원줄기를 키우며 위를 향해 곧게 자라지.

등나무

칡

이와 달리 덩굴나무는 이름 그대로 줄기가 덩굴져서 다른 것들을 휘감으며 자라나. 어떤 곳에서 어떤 것을 감으며 자라느냐에 따라 줄기 모양은 다 달라.

■ 줄기가 덩굴지는 덩굴 식물

돌콩

메꽃

✱ 또 다른 모습으로 변신한 줄기

덩굴 식물 중에는 벽에 찰싹 달라붙어 자라는 식물도 있어. 뭐가 있을까? 학교 담장이나 집의 담벼락에서 한번쯤은 봤던…… 그래, 담쟁이덩굴! 담쟁이는 다들 잘 알고 있듯 덩굴나무야. 그런데 어떤 게 줄기이고 어떤 게 뿌리인지 헷갈리기도 해. 덩굴지면서 뿌리를 여러 개 내리기 때문이야.

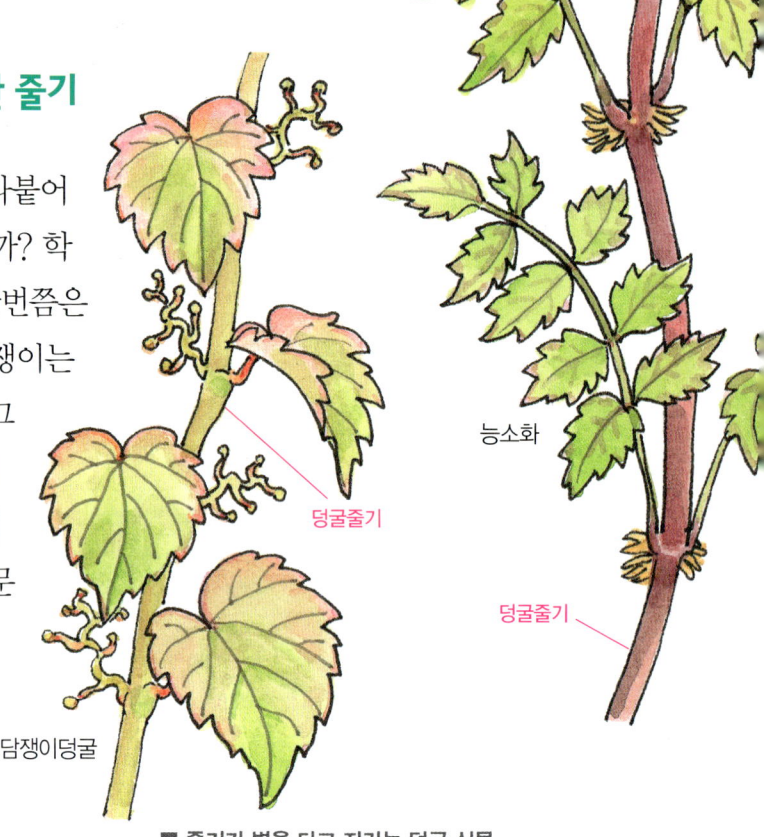

■ 줄기가 벽을 타고 자라는 덩굴 식물

벽을 기기도 하지만 땅을 기어가는 줄기도 있어. 딸기, 잔디, 갯보리 들은 줄기를 땅 위로 기어서 길게 뻗다가 뿌리와 줄기를 내고 자라나지. 포기를 내리며 자라다가 독립을 하기도 해.

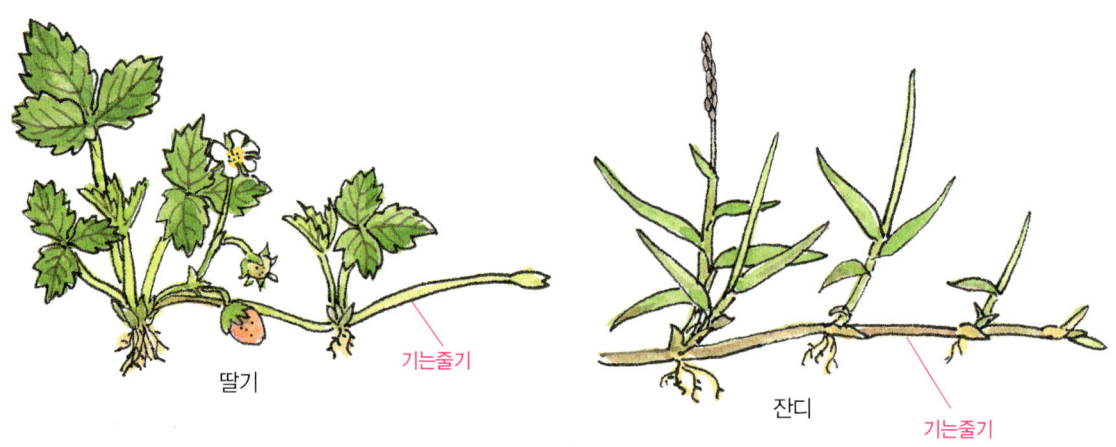

■ 줄기가 땅 위를 기는 식물

둥글레처럼 땅속으로 들어가 자라는 줄기도 있어. 땅속줄기는 영양을 모으는 일 말고 또 중요한 일을 해. 뭐냐면 겨울을 이겨 내는 거야. 따뜻한 땅속에서 이듬해를 위해 겨울잠을 자는 동물들처럼. 이런 풀을 '여러해살이풀'이라고 하지. 땅 위의 줄기와 잎은 죽지만 땅속의 줄기에 영양분을 모으고 살아 있다가 다음 해에 싹을 틔우며 여러 해 동안 살아.

키가 크든 덩굴지든, 땅 위를 기든 땅속으로 뻗든 모든 줄기에는 '눈'이 있지. 눈에서 싹이 터서 잎과 꽃이 되는 거잖아. 식물은 해마다 눈을 새로이 만들지. 비록 땅속에 있더라도 줄기에는 해마다 새롭게 눈이 생긴단다. 땅속에 있더라도 눈이 있으면 줄기이고 눈이 없으면 뿌리라는 것, 잘 알고 있지?(앞에서 배운 눈을 떠올려 봐.)

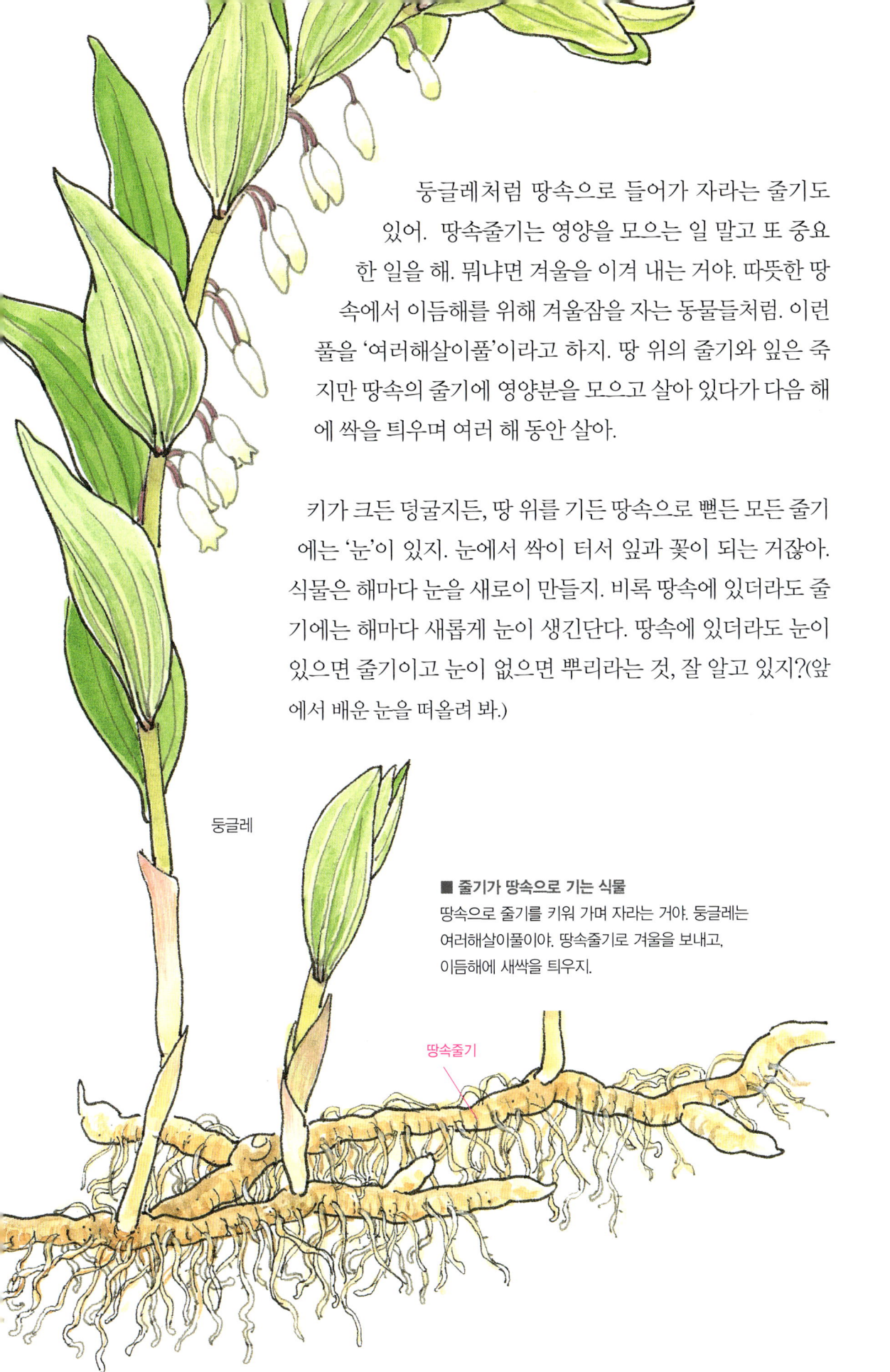

둥글레

■ 줄기가 땅속으로 기는 식물
땅속으로 줄기를 키워 가며 자라는 거야. 둥글레는 여러해살이풀이야. 땅속줄기로 겨울을 보내고, 이듬해에 새싹을 틔우지.

땅속줄기

> 여섯 번째
> 이야기

뿌리

줄기와 이어져 있는 뿌리를 볼 차례야.
뿌리는 땅속에 있어서 관찰하기 가장 어렵지.
게다가 큰 나무들은 그 끝을 알기가 어려울 정도로
깊이 뿌리를 내리고 있어.
그래서 커다란 식물은 뿌리 전체를 한눈에 보기 어려워.
보통 우리가 보는 줄기만큼 땅속에 뿌리가 있다고 하지.
그만큼 뿌리는 식물에서 많은 부분을 차지하고 있어.

뿌리는 우리 눈에는 잘 보이지 않지만,
식물을 지탱하고 있고,
날마다 자라고 있고,
땅속에서 물과 영양분을 열심히
빨아들이는 일을 하고 있어.
이제부터는 땅속의 뿌리를 보러 가자.

✱ 뿌리의 고집

모든 식물은 뿌리를 땅속에 두고 있어. 뿌리와 줄기는 서로 이어져 있지만 정반대의 성격이야. 아주 어릴 때부터 좋아하는 게 뚜렷이 다르지. 씨앗을 마구 뿌려도 줄기는 위로, 뿌리는 아래로 뻗어. 고집이 대단해.

> 식물은 빛과 어두움이 있는 곳을 알고 있어.

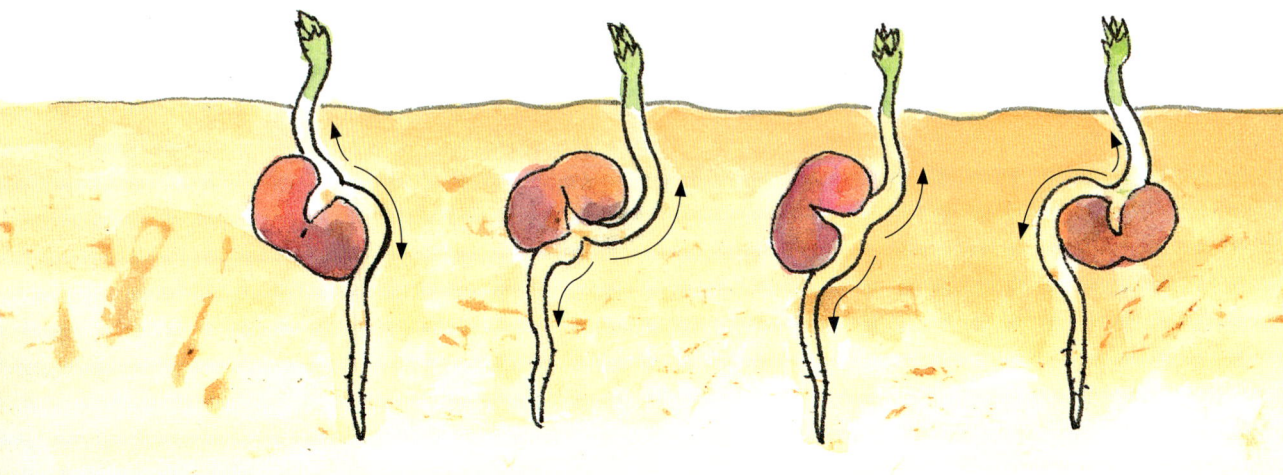

■ **싹이 돋은 팥** 씨앗이 어떤 방향으로 놓여도 줄기가 되는 싹은 위쪽으로 자라고, 뿌리는 아래쪽으로 자라지.

줄기는 빛을 찾아 위로 자라고 뿌리는 어두움(또는 물)을 찾아 아래로 아래로 뻗어 가지. 줄기는 빛을 알고, 뿌리는 어두움이 어디 있는지 알아. 줄기는 빛을 좋아하고 뿌리는 어두움을 좋아해.
서로 반대 성질을 가진 줄기와 뿌리가 만나서 식물의 뼈대를 이루고 있어. 위로 가기만 좋아하는 줄기와 아래로 가기만을 좋아하는 뿌리가 함께 붙어 있는데 싸우지 않아. 멋진 균형을 이루고 있지.

쌍떡잎식물과 외떡잎식물이라는 큰 분류를 배웠지? 둘은 각각 줄기도 달랐잖아. 마찬가지로 뿌리도 쌍떡잎식물과 외떡잎식물이 달라. 분류를 하나 알고 나니까 이해하기가 훨씬 쉬워졌지?

■ **쌍떡잎식물의 뿌리**
원뿌리가 있고 곁뿌리와 잔뿌리도 있어.
쌍떡잎식물의 뿌리는 줄기가 굵고 키가 큰 식물을
지탱할 수 있지. 대신 원뿌리가 내릴 깊은 땅이
필요해.

■ **외떡잎식물의 뿌리**
가는 뿌리가 많이 내려. 수염을 닮았다고
'수염뿌리'라고 해. 큰 줄기를 버틸 수가 없기 때문에
큰키나무는 거의 없고, 풀이 대부분이야. 대신 얕은
땅에서도 잘 자라고, 뿌리를 여러 가닥 내리지.

원뿌리
곁뿌리
잔뿌리

수염 같은
가는 뿌리가
사방으로~~

원뿌리가
아래로 아래로~~
곧게
깊이 깊이~~

❋ 뚱뚱해진 뿌리들

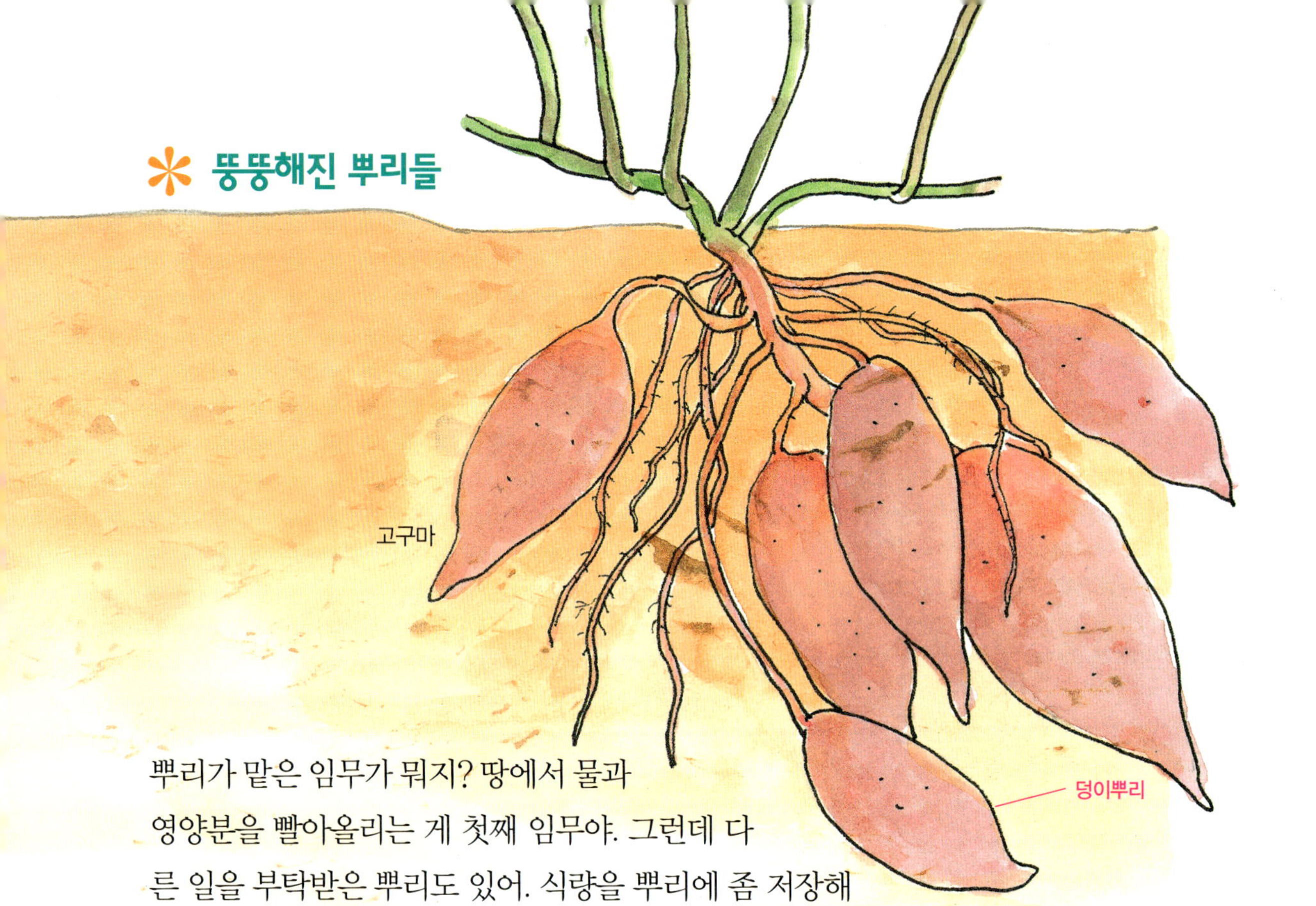

고구마

덩이뿌리

뿌리가 맡은 임무가 뭐지? 땅에서 물과 영양분을 빨아올리는 게 첫째 임무야. 그런데 다른 일을 부탁받은 뿌리도 있어. 식량을 뿌리에 좀 저장해 달라는 부탁이지. 식량을 저장해서 뚱뚱해진 뿌리를 '덩이뿌리'라고 해. 줄기가 자기 몸매를 포기하고 땅속으로 들어간 '덩이줄기' 기억하지? 감자 같은 덩이줄기처럼 고구마는 뿌리를 불룩하게 부풀려서 덩이뿌리를 만들어.

그럼 우리가 잘 아는 통통한 무랑 당근도 덩이뿌리일까? 결론부터 말하면 무와 당근은 덩이뿌리가 아니야. 이것은 사람들이 먹으려고 노력한 결과 원뿌리가 굵어진 거란다. 원래 야생 무와 당근은 가늘고 긴 쥐 꼬리 모양이었어. 그럼 거름을 많이 주어서 뚱뚱해졌을까? 밭에 아무리 많은 거름을 뿌려도 식물은 꼭 필요한 만큼만 먹었어.

무 당근

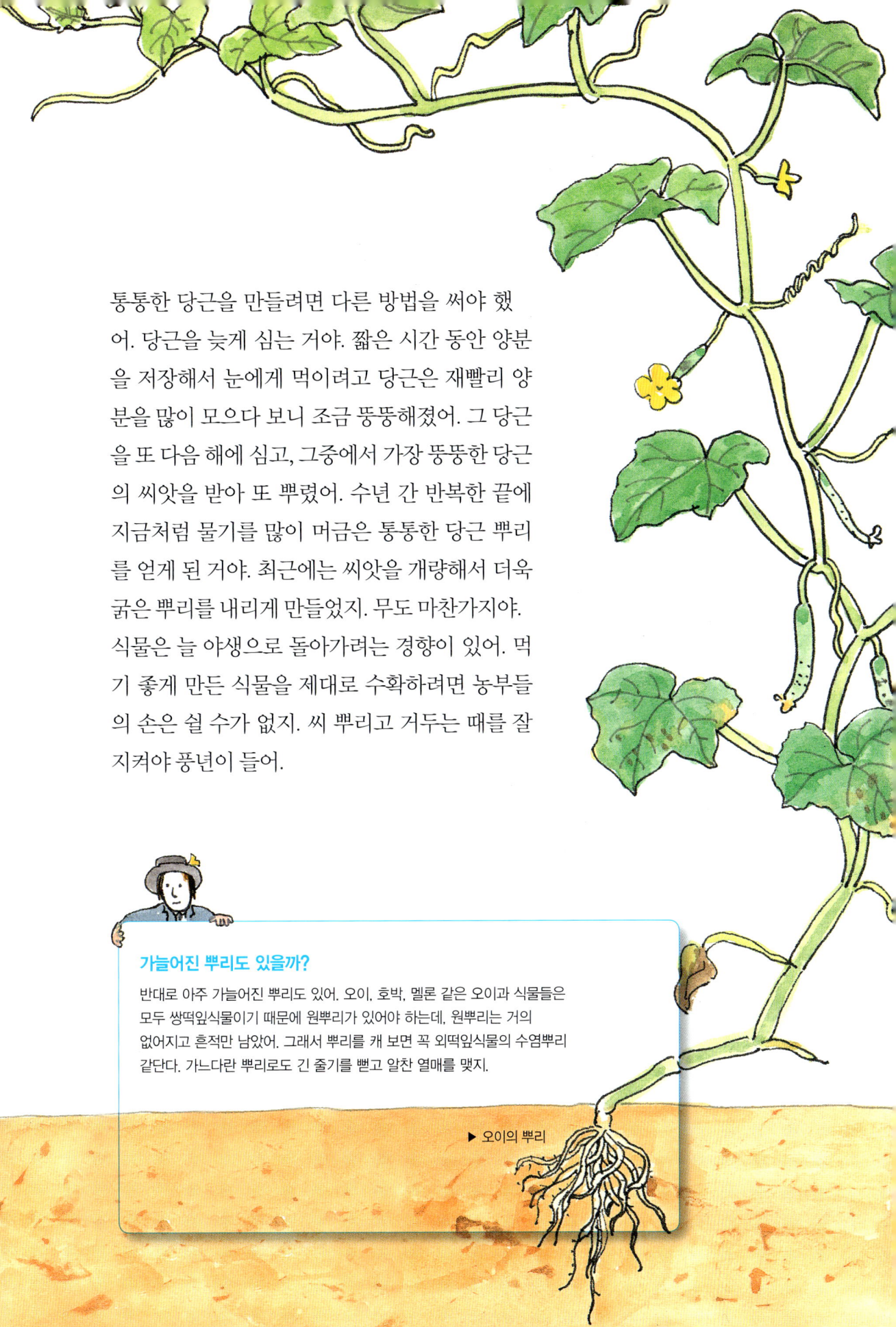

통통한 당근을 만들려면 다른 방법을 써야 했어. 당근을 늦게 심는 거야. 짧은 시간 동안 양분을 저장해서 눈에게 먹이려고 당근은 재빨리 양분을 많이 모으다 보니 조금 뚱뚱해졌어. 그 당근을 또 다음 해에 심고, 그중에서 가장 뚱뚱한 당근의 씨앗을 받아 또 뿌렸어. 수년 간 반복한 끝에 지금처럼 물기를 많이 머금은 통통한 당근 뿌리를 얻게 된 거야. 최근에는 씨앗을 개량해서 더욱 굵은 뿌리를 내리게 만들었지. 무도 마찬가지야. 식물은 늘 야생으로 돌아가려는 경향이 있어. 먹기 좋게 만든 식물을 제대로 수확하려면 농부들의 손은 쉴 수가 없지. 씨 뿌리고 거두는 때를 잘 지켜야 풍년이 들어.

가늘어진 뿌리도 있을까?

반대로 아주 가늘어진 뿌리도 있어. 오이, 호박, 멜론 같은 오이과 식물들은 모두 쌍떡잎식물이기 때문에 원뿌리가 있어야 하는데, 원뿌리는 거의 없어지고 흔적만 남았어. 그래서 뿌리를 캐 보면 꼭 외떡잎식물의 수염뿌리 같단다. 가느다란 뿌리로도 긴 줄기를 뻗고 알찬 열매를 맺지.

▶ 오이의 뿌리

✱ 뿌리의 다양한 변신

또 어떤 뿌리가 있을까? '기는줄기' 봤지? 벽을 타고 자라는 담쟁이와 능소화 말이야. 이 식물들은 벽에 붙어 자라면서 뿌리를 내려. 다른 물체에 달라붙는 '붙음뿌리'를 내리지.

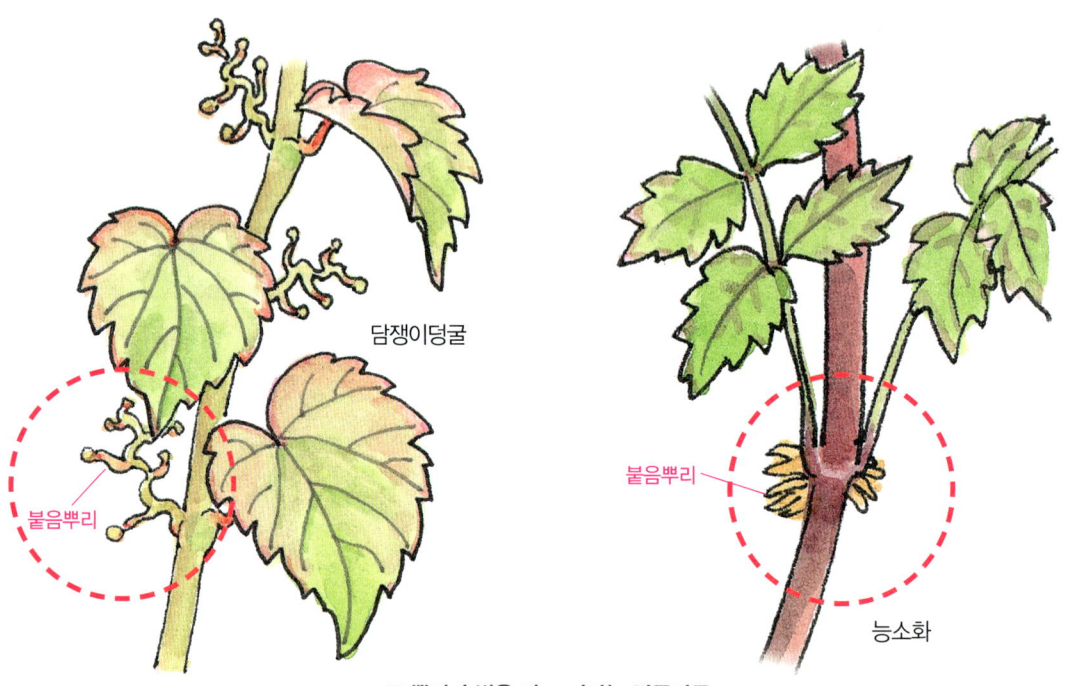

■ 뿌리가 벽을 타고 자라는 덩굴나무

딸기와 잔디 같이 땅 위를 기는줄기에서도 땅에 닿은 마디에서 뿌리가 내려. 이와 같은 뿌리들을 모두 '막뿌리(부정근)'라고 해.

막뿌리는 처음 싹이 날 때 생긴 뿌리가 아니라 줄기나 잎에서 새롭게 생기는 뿌리야. 막뿌리는 한 포기에 여럿이지. 방향도 한 방향이 아니라 여러 방향으로 뻗어. 여러 포기가 얽히고설켜서 한 덩어리처럼 보이기도 해.

줄기와 뿌리는 서로 영향을 많이 끼치지? 서로 떨어질 수 없는 사이야. 줄기가 기어가면서 막뿌리를 내리는 모습을 빠르게 상상해 봐. 토끼풀 한 포기가 번져서 언덕 전체가 토끼풀 밭이 되지.

■ **여러 가지 식물들의 막뿌리**
땅 위를 기는 줄기에서는 거의 대부분 막뿌리를 내리지.

✱ 막뿌리를 이용하는 농부들의 지혜

농부들은 막뿌리를 보면서 농사의 지혜를 발휘해. 막뿌리를 활용하면 씨앗을 심지 않고 포기를 늘릴 수 있고, 포기가 많아지면 수확을 더 빨리 더 많이 할 수 있지.

딸기는 막뿌리로 번식을 해. 농부들은 아래 그림처럼 길러서 막뿌리와 줄기 부분을 잘라서 새로 심어. 그럼 한 포기가 더 늘어나는 거지.

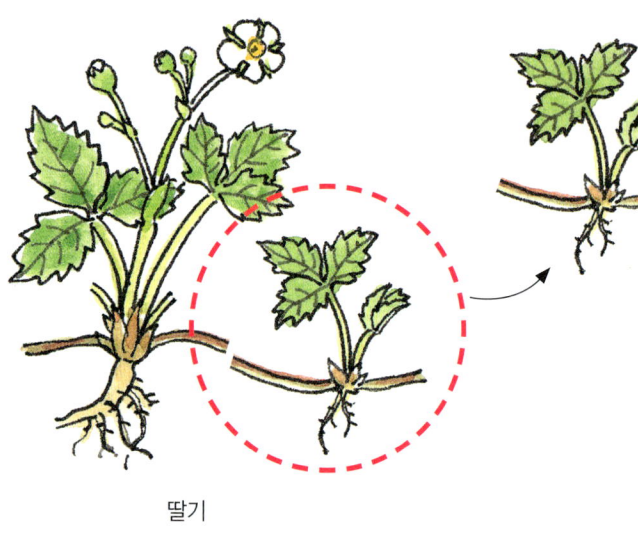

딸기

옥수수도 막뿌리를 내려. 옥수수는 기는줄기도 아닌데 어디서 막뿌리를 내리느냐고? 줄기와 뿌리가 만나는 곳을 봐. 뿌리가 아주 많지? 위쪽의 뿌리는 나중에 나온 '버팀뿌리' 야. 옥수수가 이런 막뿌리를 내리지 않는다면 바람이 불거나 열매가 맺혀 무거워지면 쓰러져 버릴 거야. 그러면 옥수수를 거둘 수가 없잖아. 그래서 농부들은 뿌리 쪽의 흙을 높이 올려 줘. '북을 준다' 고 말하지. 북을 주면 옥수수는 줄기 위쪽으로 막뿌리를 더 많이 내리게 되고, 그러면 줄기를 든든히 지탱해 주기 때문에 키가 아무리 커도 또 알찬 열매가 생겨 무거워져도 쓰러지지 않아.

옥수수

버팀뿌리

막뿌리를 내리는 식물의 특징을 이용해서 나무를 기르기도 해. 생각해 봐. 딸기가 막뿌리를 내리는 것은 자연스러운 일이야. 딸기가 알아서 그렇게 자라는 거지. 그런데 개나리는 혼자서는 막뿌리를 내리지 않는데, 농부들이 손을 써서 막뿌리를 내리게 하는 거야.

■ 휘묻이
개나리와 같이 스스로 막뿌리를 내리지 않는 식물도 막뿌리를 내리게 할 수 있어. 개나리 줄기를 구부려 땅에 묻으면 뿌리가 나와. 그런 다음에 새로운 포기가 생기면 옮겨 심을 수 있게 되지. 식물을 번식시키는 '휘묻이' 방법이야.

■ 꺾꽂이
버드나무 줄기를 뚝 잘랐어. 그 버드나무 줄기는 곧 스스로 상처를 치유하고 회복하기 시작해. 게다가 뿌리를 내리고 새로운 나무로 태어나지. 이는 '꺾꽂이'라고 해.

막뿌리로 번식하는 식물들을 보니 히드라가 떠오르지 않니? 가위로 싹둑 잘려 둘로 나뉘어도 새롭게 원래의 모습으로 복구되는 히드라 말이야.

모든 식물은 막뿌리를 내릴까?

휘묻이, 꺾꽂이가 되는 식물도 있고 그렇지 않은 식물도 있으니 모든 식물한테 막뿌리를 내리라고 강요할 수는 없어. 참나무나 소나무 같은 식물은 막뿌리를 내리지 않기 때문에 휘묻이나 꺾꽂이로 번식할 수 없지. 농부들이 식물의 특성을 잘 이용해서 재배하는 거야.

고욤나무

감나무

✻ 서로 다른 줄기와 뿌리의 합체

줄기와 뿌리를 보다 보니, 식물이 싹을 틔우는 방법이 한 가지가 아니란 걸 알았어. 씨앗에서 싹을 틔우는 방법 말고도, 줄기를 떼어 심기도 하고 뿌리가 뻗어 나가 새로운 포기를 만들기도 해. 식물은 정말 다양한 방법으로 살고 있어. 또 다른 번식의 방법이 있어. 서로 다른 나무의 가지와 뿌리를 합체하는 거지. 이것은 식물 혼자서는 할 수 없어. 사람이 필요해서 만든 번식 방법이야. '접붙이기'라고 하지.

식물도 기호가 있어. 흙, 필요한 영양분, 햇빛의 양, 날씨까지 식물마다 좋아하는 게 다 달라. 그래서 전혀 다른 나무끼리는 접붙이기를 할 수 없어. 접붙이기는 매우 가까운 종끼리만 할 수 있지.

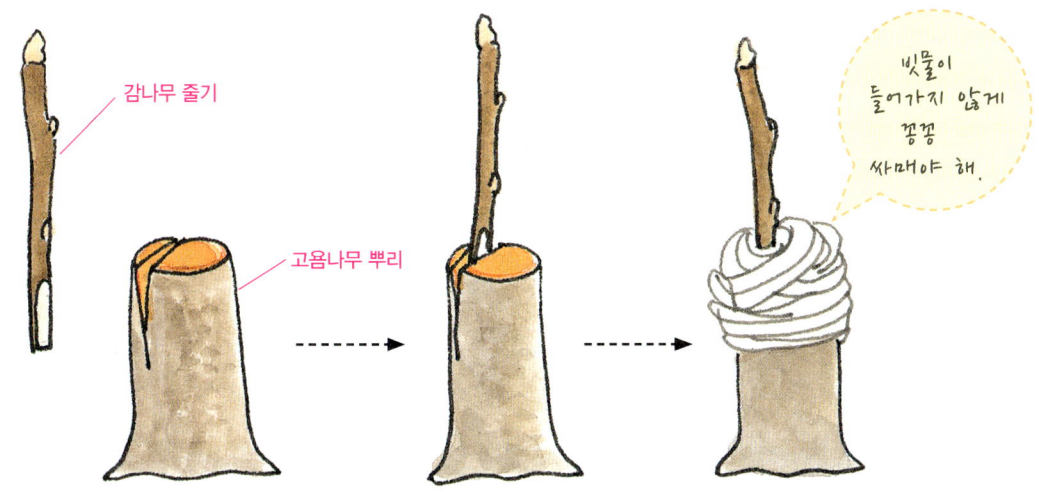

■ **감나무와 고욤나무 접붙이는 방법**
두 나무는 어떻게 한 몸이 될까? 줄기에서 해마다 새롭게 만들어지는 부분이 있지? 관다발에서 새로운 세포가 생겨나잖아. 접붙이기를 하고 나면 줄기의 관다발 부분에서 세포들이 붙어서 함께 자라게 되지.

고욤나무와 감나무는 모두 '감나무과' 식물이지. 아주 가까운 친척과 같아서 접붙이기가 가능한 거야.
왜 접붙이기를 하냐고? 고욤나무는 작은 열매를 맺어. 사람들은 큰 감을 많이 거두고 싶어 하지. 그러면 고욤나무에 감나무를 접붙이는 거야. 건강한 뿌리를 가진 고욤나무와 큰 열매를 맺는 감나무가 만나서 먹기 좋은 감이 열리지.

고욤 열매   감 열매

✱ 식물을 든든하게 세워 주는 줄기와 뿌리

줄기가 해마다 새롭게 태어나듯 뿌리도 멈추어 있지 않아. 처음 난 뿌리 하나로 만족하며 살지 않지. 원래 있던 뿌리를 길게 내리며 자라기도 하고, 통통하게 키워 영양분을 저장하기도 하고, 막뿌리처럼 새롭게 만들기도 하면서 살아가지. 정말 식물들은 개성이 넘친다는 걸 다시금 느낄 수 있어.
파브르는 뿌리와 줄기를 보고 존경한다고 말했어.

"저항할 수 없는 본능이 뿌리와 줄기를 움직이고 있는 것 같다. 갖가지 방해를 해 봐도 뜻을 굽히느니 차라리 죽겠다는 식으로 원래의 방법으로 되돌아간다. 초지일관하는 이 식물을 나는 존경할 만하다고 생각한다."_《파브르 식물기》 중에서

뿌리와 줄기가 식물의 든든한 대들보와 기둥이 되어 주는 거야. 식물은 수천 년 동안 확고한 신념을 잃지 않으며 살아왔고 앞으로도 그럴 거야.

잎*꽃*씨앗

> **일곱 번째 이야기**
>
> # 잎의 겉모습
>
> 이제 식물에서 우리 눈에 가장 많이 띄는 것,
> 그것을 알아볼 차례야.
> 파브르도 가장 많이 설명을 한 부분이지.
> 바로 잎! 식물의 잎은 하는 일도 많고,
> 식물의 매력이 담뿍 들어 있지.
> 알아보면 알아볼수록 들여다보면 들여다볼수록 신비해.
> 잎은 모양도 다양하고, 변신도 잘 해.
> 또 잠을 자기도 하고 숨을 쉬기도 하지.
> 뿐만 아니라 요리도 할 줄 안단다.
> 정말 잎은 재주가 많아.
> 그리고 사람들에게 아주 중요한 것을 주기도 해.
>
> 개성이 넘치고 재주 많은 식물의 잎을
> 만나러 가 보자.
> 우선 겉모습부터 살펴볼 거야.

✳ 잎은 어떻게 생겼을까?

잎의 모양은 식물마다 다 달라. 우리나라에는 600여 종의 식물이 산다고 알려져 있는데 잎 모양이 같은 것은 하나도 없어. 세계 곳곳에 있는 수십만 종의 식물도 역시나 그 잎의 모양이 똑같은 것은 하나도 없단다. 식물은 다른 식물을 부러워하지 않고 자신만의 개성을 뽐내지.

이렇게 각양각색 서로 다르게 생긴 수많은 잎의 생김새에는 공통점이 있어. 모두 잎몸과 잎자루로 이루어져 있다는 거야. 이것보다 조금 더 복잡한 잎이 하나 있어. 턱잎이 있는 잎이야. 턱잎까지 다 있는 잎을 '갖춘잎'이라고 하고, 턱잎이 사라진 잎은 '안갖춘잎'이라고 해.

■ 잎의 기본 구조

잎은 이런 기본 구조 안에서 여러 변화를 만들어 내고 자신을 꾸미지. 잎 모양이 아무리 다양해도 이것보다 복잡한 구조는 없어. 사람 얼굴도 사람마다 다 다르지만, 눈, 코, 입 등의 기본 구조로 되어 있는 것과 비슷하지.

우리가 '잎'이라고 했을 때 떠올리는 부분이 잎몸이지. 잎몸의 앞면은 하늘을 보고 있고 뒷면보다 색이 더 짙어. 녹색의 잎몸은 잎살과 잎맥으로 이루어져 있지. 잎몸의 잎맥은 가을에 낙엽을 보면 눈에 잘 띄어.

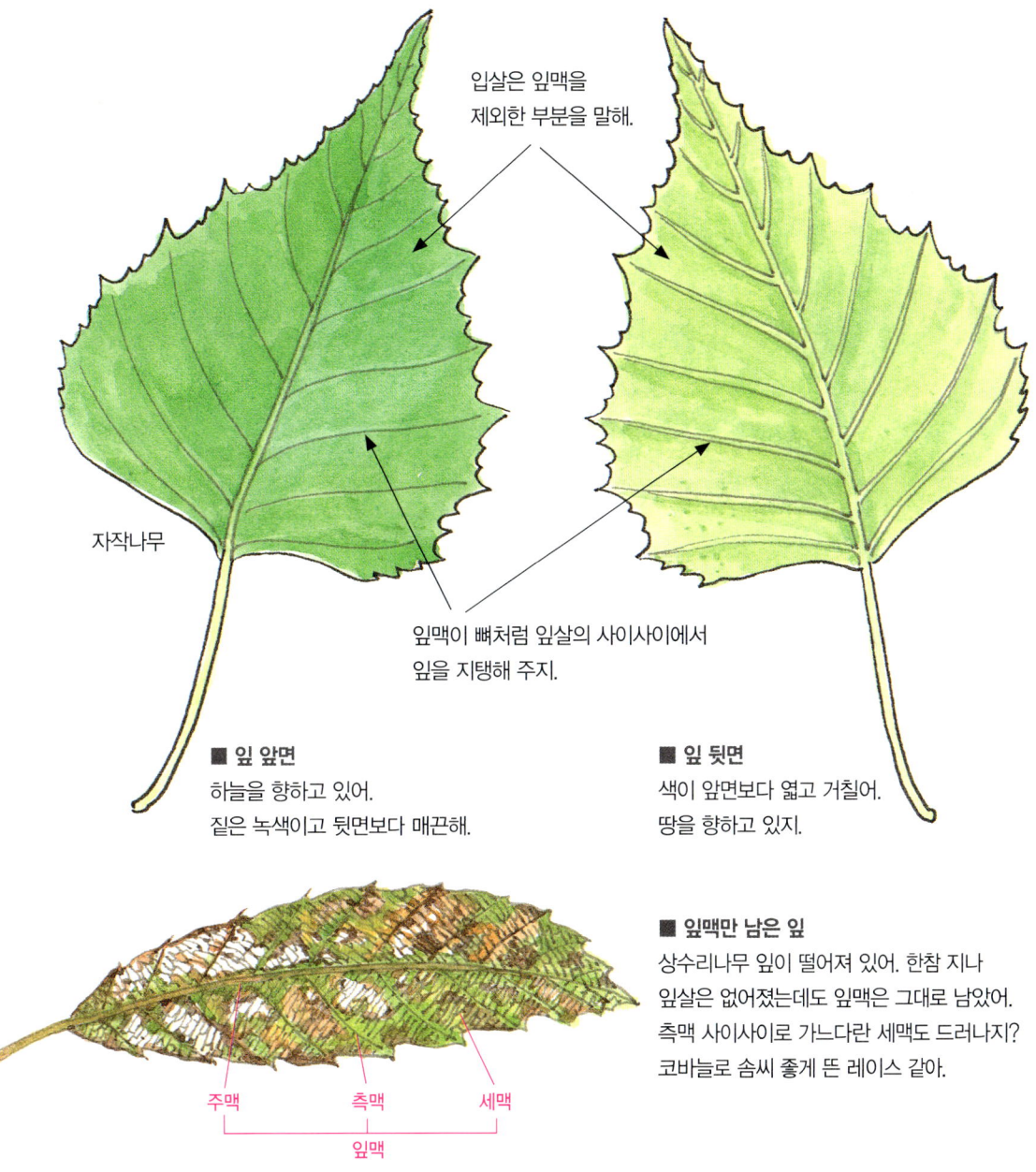

잎살은 잎맥을 제외한 부분을 말해.

자작나무

잎맥이 뼈처럼 잎살의 사이사이에서 잎을 지탱해 주지.

■ 잎 앞면
하늘을 향하고 있어.
짙은 녹색이고 뒷면보다 매끈해.

■ 잎 뒷면
색이 앞면보다 엷고 거칠어.
땅을 향하고 있지.

■ 잎맥만 남은 잎
상수리나무 잎이 떨어져 있어. 한참 지나 잎살은 없어졌는데도 잎맥은 그대로 남았어. 측맥 사이사이로 가느다란 세맥도 드러나지? 코바늘로 솜씨 좋게 뜬 레이스 같아.

주맥   측맥   세맥
       잎맥

잎의 기본 구조를 다 알아봤어. 수많은 잎 중에 어떤 잎도 이 기준을 벗어나지 않아. 기준을 알면 변화도 이해하기가 쉬워지지.

✱ 셀 수 없이 다양한 잎 모양

줄기에서 잎이 떨어진 자리야.

담쟁이덩굴 잎

줄기와 뿌리도 모양과 개성이 다양했지? 잎은 더해. 한없이 풍부하지. 무한한 상상력을 가진 디자이너라도 따라가지 못할 만큼 멋진 잎이 정말 많아. 잎의 생김새를 보고 분류하는 방식은 앞에서 살펴본 구조보다 훨씬 더 많아. 잎이 다양한 만큼 복잡하고 어렵지. 하지만 걱정하지 마. 우리에게 필요한 만큼만 조금씩 무리 없이 알아 가자.

■ **떨켜**
줄기에서 잎이 떨어질 자리에 생겨.
모든 식물에 떨켜가 생기는 것은 아니야.
특히 외떡잎식물은 떨켜를 만들지 않아.

나무마다 잎은 생김새가 다 달라. 자신에게 가장 적합한 모양을 하고 있어. 게다가 웬만하면 잎 모양을 절대 바꾸지 않아. 수억 년 전에 생긴 은행나무는 그때나 지금이나 잎 모양이 같아. 그러고 보면 나무에는 유행이 없나 봐. 개성 넘치게 자기 옷을 잘 차려입고 다른 나무를 부러워하지 않지.

한 그루에서 잎 모양이 다른 경우도 있을까?

한 나무에 여러 모양의 잎을 달고 있는 식물도 있단다. 서로 다르다는 것! 이것 또한 변하지 않는 이 식물들의 개성이야.

▲ **황칠나무 잎** : 잎몸의 좌우 모양이 다르기도 해.

▲ **닥나무 잎** : 깊게 갈라지는 것도 있고 갈라지지 않는 잎도 있어.

▲ **냉이 잎** : 같은 포기에서 난 잎도 갈라지는 모양이 달라.

■ 여러 가지 잎의 생김새

튤립나무 잎, 제비꽃 잎, 층층나무 잎, 메꽃 잎, 배롱나무 잎

▶ 잎자루가 긴 것, 짧은 것, 거의 없는 것의 순서로 늘어놓아 보았어.

산사나무 잎, 조릿대 잎, 은행나무 잎, 자작나무 잎, 단풍나무 잎, 호랑가시나무 잎, 청미래덩굴 잎, 쑥부쟁이 잎, 떡갈나무 잎, 난티나무 잎, 꽃마리 잎, 민들레 잎, 계수나무 잎, 산수유 잎

▶ 잎 모양은 잎몸이 부채 모양, 동그란 모양, 삼각꼴, 심장꼴, 콩팥 모양, 달걀 모양, 바늘잎 모양, 창 모양, 줄 모양 등등 정말 다양해. 잎몸 가장자리에 톱니가 있거나 없는 것도 잎의 중요한 인상을 만들지.

✱ 쌍떡잎식물과 외떡잎식물은 잎 모양도 달라

우리가 이제 다 알게 된 식물 분류의 기준이 있지? 그래, 쌍떡잎식물과 외떡잎식물. 이 두 가지만 생각하면 잎을 이해하기도 쉬워진단다. 잎을 쌍떡잎식물과 외떡잎식물로 나누어서 볼까?

⬅ **외떡잎식물의 잎**
잎 모양은 줄 모양이 많고, 잎맥은 나란히맥이야. 대부분 잎자루가 줄기를 싸고 있어. 이를 잎집이라고 해.

➡ **쌍떡잎식물의 잎**
잎 모양은 다양하고, 잎맥은 그물맥이지. 잎자루는 길이는 다르지만 짧거나 길거나 모두 있지.

나란히맥 / 그물맥 / 홑잎 / 겹잎

겹잎은 작은 잎이 여러 장 모인 잎이야.

잎의 변화는 상상하는 것보다 더욱더 많아. 쌍떡잎식물의 홑잎 가운데에 잎몸이 깊게 파여서 겹잎처럼 보이는 잎도 있어. 어떻게 홑잎인지 아냐고? 이럴 때 잎자루를 찾으면 돼. 잎이 몇 장인지 셀 때에는 겹잎이든 홑잎이든 잎자루 1개에 잎몸 1개를 한 장으로 세면 되지.

■ **잎몸이 깊게 파인 홑잎들**

왕고들빼기 잎 한 장 / 애기똥풀 잎 한 장 / 단풍나무 잎 한 장

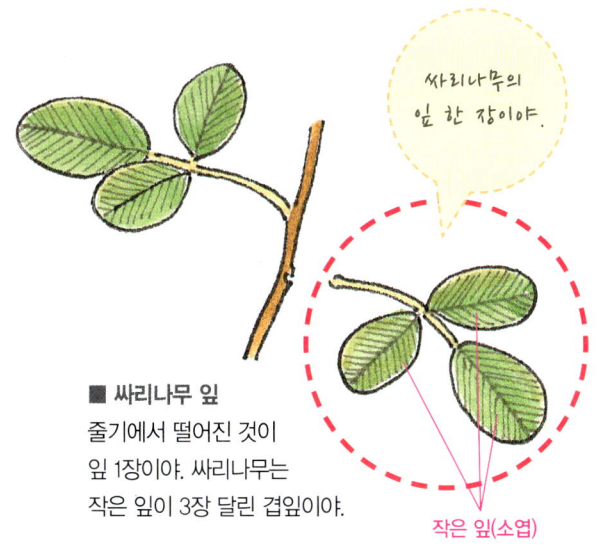

■ 싸리나무 잎
줄기에서 떨어진 것이 잎 1장이야. 싸리나무는 작은 잎이 3장 달린 겹잎이야.

싸리나무의 잎 한 장이야.

작은 잎(소엽)

왼쪽 그림은 싸리나무의 잎이야. 잎이 몇 장일까? 잎이 여러 장 달린 건지, 겹잎 한 장이 달린 건지 어떻게 구분하느냐고? 우리가 앞서 미리 배운 걸 써먹으면 되지. 겹잎도 잎몸 1개와 잎자루 1개로 이루어져 있어. 줄기에서 똑 떨어지는 것이 잎 한 장이야. 낙엽이 질 때 보면 확실히 알 수 있어.

■ 잎몸이 작은 잎 여러 장으로 이루어진 겹잎들

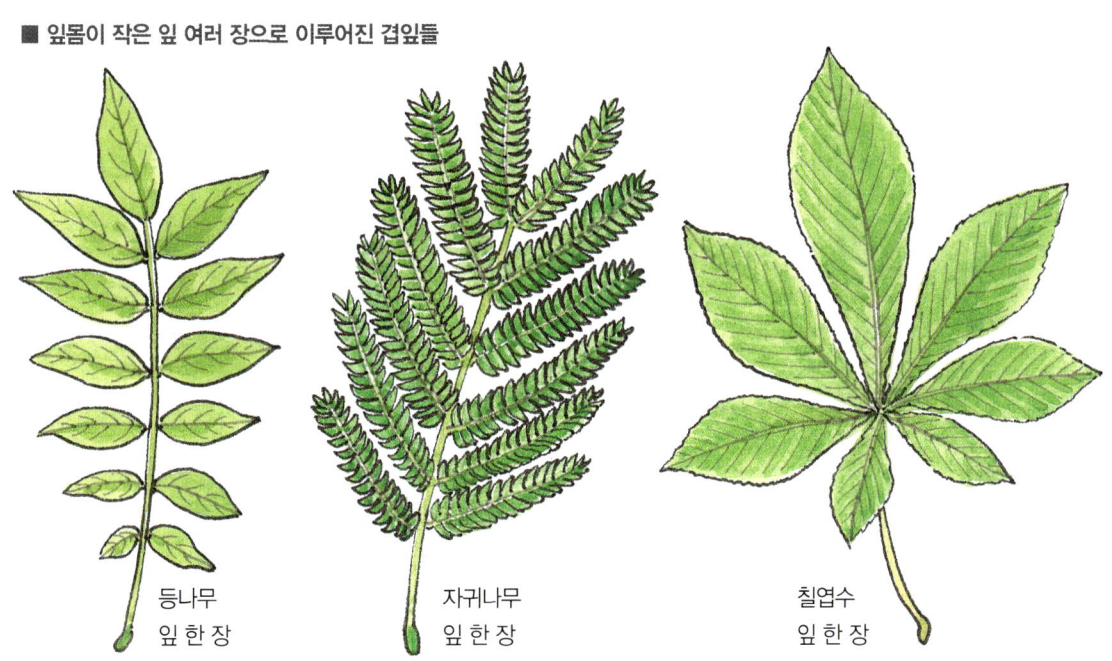

등나무 잎 한 장

자귀나무 잎 한 장

칠엽수 잎 한 장

이렇게 잎이 많아도 결국 두 종류야. 구조를 기준으로 보았을 때에는 턱잎이 있는 갖춘잎과 턱잎이 없는 안갖춘잎으로 나뉘지. 잎맥을 기준으로 보았을 때에는 나란히맥과 그물맥으로 나뉘어. 복잡할수록 원칙을 알아야 질서를 찾을 수가 있단다. 식물들이 원칙을 지키기 때문에 우리가 잘 구분할 수 있어. 기본 원칙을 지키며, 자신만의 개성을 드러내는 잎들이 참으로 멋지구나.

✱ 잎의 뛰어난 건축 기술, 잎차례

느티나무 잎이 난 순서를 봐. 잎차례대로 달려 있어.

느티나무

집이나 학교 같은 건물이 어떻게 지어졌는지 관심 있게 본 적 있어? 날마다 쓰는 연필이나 가방을 자세히 관찰해 본 적은? 과학자에게 가장 필요한 것은 관찰하는 눈이야. 관찰은 그냥 보는 것과 큰 차이가 있어.

우선 보지 않고 네가 지금 생각나는 대로 그림을 그려 보렴. 무엇을 그리느냐고? 네가 아는 식물의 잎이 가지에 어떻게 붙어 있는지 그려 봐. 생각나지 않는다고? 관찰을 잘하는 사람이 시도 잘 쓰고, 그림도 잘 그릴 수 있고, 과학 공부도 잘 해낼 수 있어. 이 사실을 기억하며 잎차례를 관찰해 보자.

모든 잎은 규칙이 있게 가지에 붙어 있어. 이를 '잎차례'라고 해. 잎이 줄기에 배열되어 붙어 있는 모양을 말하지. 그냥, 대충, 아무렇게나 붙어 있는 잎은 없어. 왜냐고? 잎은 햇빛이 꼭 필요해. 햇빛을 받지 못하면 누렇게 되고 잘 자라지도 못해. 그래서 햇빛을 받는 게 중요한데 잎은 뛰어난 건축 기술로 많은 잎이 골고루 햇빛을 쬘 수 있어. 당연히 바람도 더 잘 통하겠지.

■ **다양한 잎차례**

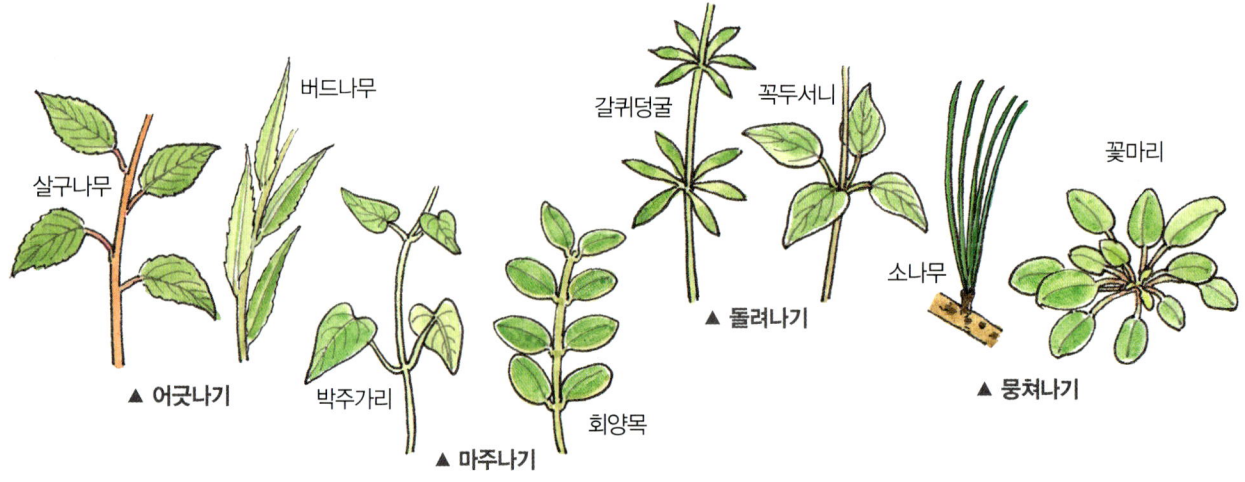

또 하나 좋은 점이 있어. 알뜰하게 땅을 이용할 수 있다는 점
이야. 수직으로 자라기 때문에 좁은 땅에서도 살 수
있지. 그런 점에서 사람들의 아파트와 비슷하지
만 아파트보다 더 좋은 점이 있어. 사람이 지은
아파트에서는 소란을 피우면 아래위 집들에 피해를 주게
되지. 그런데 식물은 위층과 아래층이 바로 겹치지 않아.
나선형 계단처럼 잎이 붙어 있기 때문이야.

달맞이꽃을 위에서 본 모습

그리고 또 다른 장점이 있어. 참 예쁘다는
거야. 질서 있게 달린 잎을 보면 참 아름
다워. 식물마다 생김새도 다르지만, 잎
이 달리는 잎차례도 다 달라. 역시
개성이 넘치는 식물들이야.

달맞이꽃을 옆에서 본 모습

턱잎이 덩굴손으로 바뀐 거야.

청미래덩굴

겹잎의 마지막 작은 잎이 덩굴손으로 바뀌었어.

✳ 잎의 다양한 변신

잎은 그 모양을 바꿔서 잎인지 모르게 생긴 것도 많단다. 마법사의 변신 같아. 살갈퀴와 청미래덩굴은 잎을 덩굴손으로 바꾸었어. 덩굴손은 가지나 잎이 실처럼 변하여 다른 물체를 감아 줄기를 지탱하는 가는 덩굴을 말하지.

덩굴손은 식물을 태양 빛을 잘 받는 쪽으로 끌어올려. 햇빛을 잘 쬐여야 식물이 무럭무럭 자라거든. 잎은 또 어떤 모양으로 변신할까? 식충 식물에 관심 있는 친구들 많지? 벌레잡이풀들은 벌레를 잡거나 가두기 위해서 매우 독특하게 생겼지. 주걱 모양도 있고 깔때기 모양도 있어. 이것도 벌레를 잡으려고 잎이 변신을 한 거야.

살갈퀴

벌레잡이통풀의 그릇도 잎이 변신한 거야.

가지가 덩굴손으로 바뀐 식물
포도나무를 봐. 포도의 덩굴손은 잎이 아닌 가지가 변신한 거야.

벌레잡이통풀

동글동글한 잎이 뾰족한 창으로 변신한 것도 있어. 잎이 가시로 변한 거지. 무장을 하는 거야. 자신을 지키기 위해서! 동물에게 발톱이 있다면 식물에게는 가시가 있다고 말하는 것 같아. 또 몸속의 물이 밖으로 덜 빠져나가도록 잎의 면적을 줄이려고 가시로 바꾼 식물도 있어.

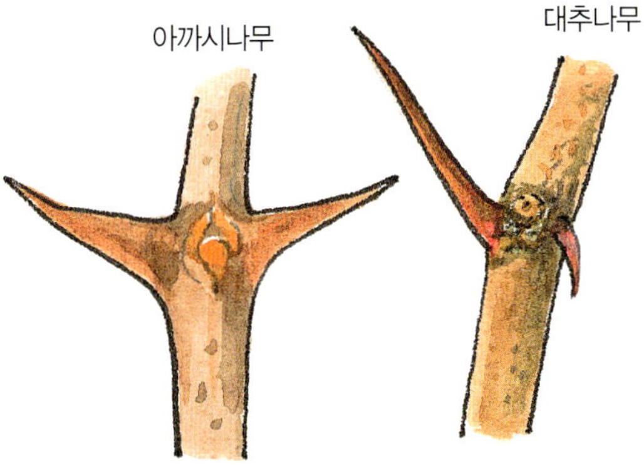

아까시나무 대추나무
턱잎이 가시가 된 식물

호랑가시나무 엉겅퀴
잎맥이 가시로 변한 식물

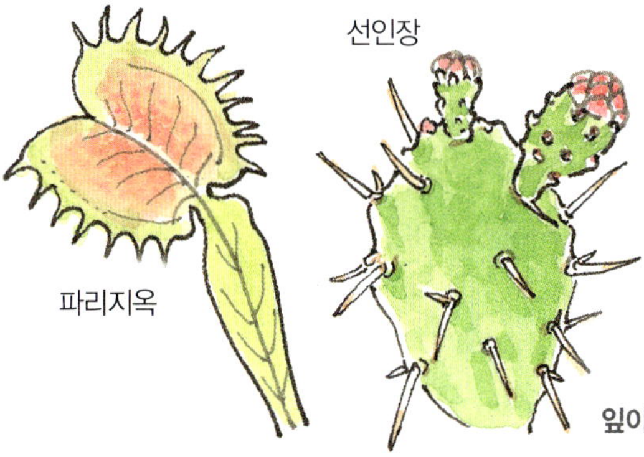

파리지옥 선인장
잎이 모두 가시로 바뀐 식물

쐐기풀의 가시는 잎이 아닌 털이 바뀐 거야

털이 가시처럼 생긴 식물도 있어. 쐐기풀이라고 들어 봤니? 쐐기풀에는 가시 모양 털이 나 있어서 피부가 쓸리면 가렵고 벌겋게 부풀어 오르고 아프기까지 하단다. 게다가 털에 독을 품고 있어서 그저 따갑게 찌르기만 하는 게 아니라 뱀처럼 독을 퍼뜨리지. 털끝 모양도 뱀의 이빨과 비슷해. 대단한 무기지?

▶ **쐐기풀 :** 가시 속에는 독이 차 있어.

> 여덟 번째
> 이야기

잎 속

잎의 재주 중에 가장 뛰어난 것은 요리야.
식물은 스스로 영양분을 만들 줄 알지.
식물은 눈에 보이지도 않고 손에 잡히지도 않는
햇빛과 이산화탄소를 이용해 탄수화물을 만들어.
지구에 사는 생물은 모두 식물에 의존해서
살아가는 거야. 왜냐고?
동물들은 스스로 먹을거리를 만들어 내지 못해.
식물을 먹거나 식물을 먹고 사는 동물을
잡아먹으며 살아가는 거야.
식물의 잎은 숨을 쉬며 동물들에게 꼭 필요한 산소도 만들지.
그러니 동물은 식물이 없으면 먹을거리도 없고 숨도 쉴 수 없어.

잎 속을 들여다보면 식물의 위대함을
새롭게 알게 될 거야.
얇은 잎 속에서 쉼 없이 마법 같은 일들이 일어나고 있거든.

✱ 잎도 숨을 쉰다

지금까지 본 것은 잎의 겉모습이야. 이제부터 잎의 속내를 알아보자. 얇은 잎 속에서 아주 신비하고 놀라운 일이 벌어진단다. 잎을 한 장 잘라 보자. 하지만 시력이 아무리 좋은 사람이라도 맨눈으로는 안 보여. 무척 작은 세포들이 모여 있기 때문이지. 크게 그려서 보여 줄게.

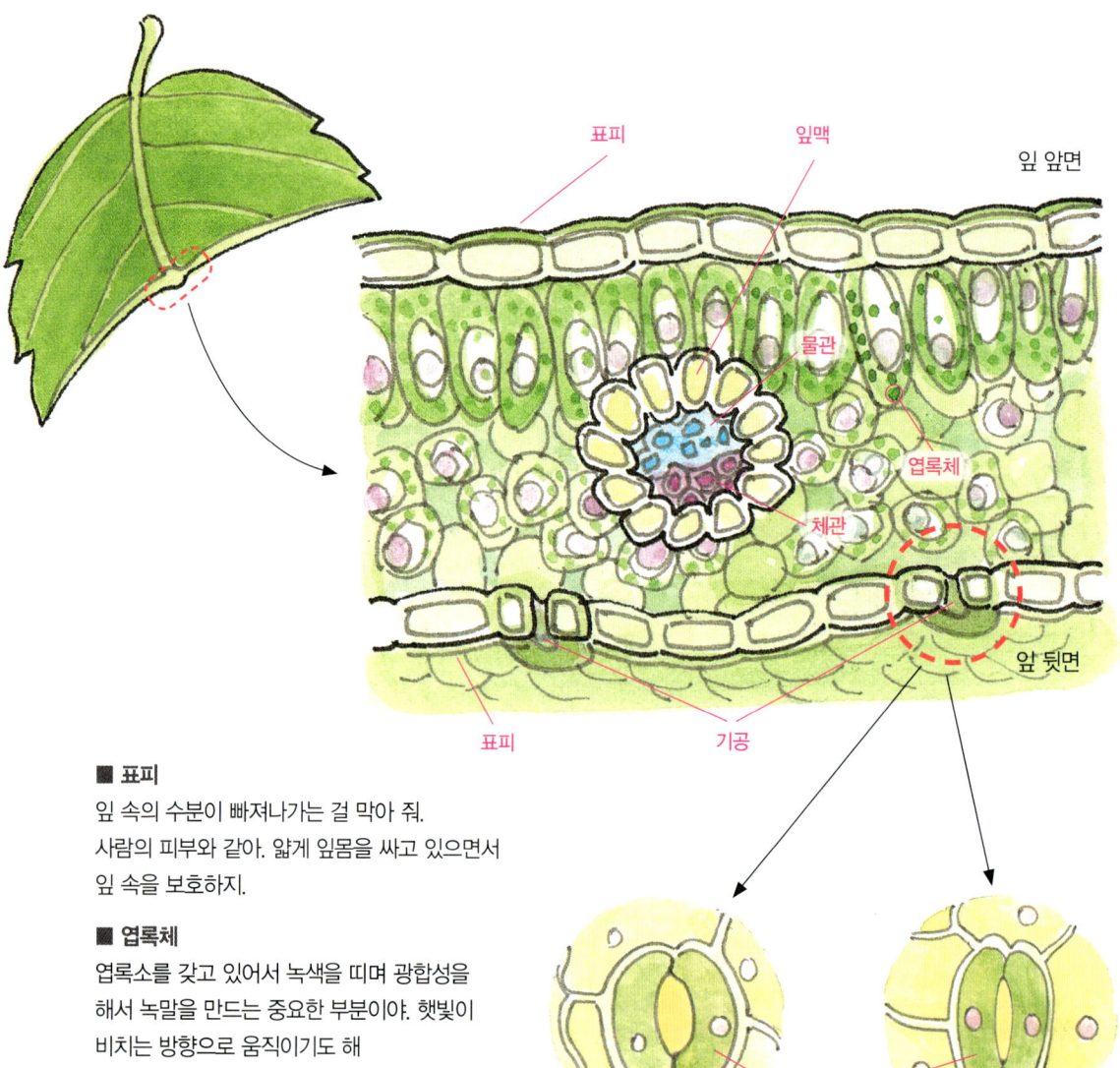

■ **표피**
잎 속의 수분이 빠져나가는 걸 막아 줘.
사람의 피부와 같아. 얇게 잎몸을 싸고 있으면서
잎 속을 보호하지.

■ **엽록체**
엽록소를 갖고 있어서 녹색을 띠며 광합성을
해서 녹말을 만드는 중요한 부분이야. 햇빛이
비치는 방향으로 움직이기도 해

■ **기공**
작은 공기구멍이야. 잎 뒷면에 있어. 모양은
단춧구멍같이 생겼고, 크기는 바늘 끝보다도
더 작아. 잎 하나에 많게는 수천 개씩 있어.

기공이 열렸을 때는 공변세포가
부풀고 기공이 넓어져.

기공이 닫혔을 때는 공변세포가
줄어들어 기공이 매우 작아지지.

108

식물도 숨을 쉬어. 바로 잎 뒷면에 있는 기공(공기구멍)이 맡은 일이야. 식물의 기공은 동물의 코와 비슷한 일을 해. 땀샘 같은 기능도 하고. 잎에는 태양 빛이 반드시 필요하지만, 거센 태양 빛을 견디는 건 괴로운 일이야. 생각해 봐, 한여름에 온종일 햇빛 아래 서 있다고 말이야. 너무 뜨거워서 잎이 익어 버릴지도 몰라. 그래서 기공을 통해 물을 내뿜어서 열을 식히지. 동물도 마찬가지지. 너무 더울 땐 자연스럽게 땀이 흘러나와 체온을 떨어뜨리잖아.

식물에게 물은 너무나도 중요한 먹이지만, 더운 한낮에는 열기를 식히는 게 더 급해. 기공은 뜨거운 불을 끄기 위해 씩씩하게 물을 내뿜는 일을 하는 거야. 낮에, 양지에서, 더운 곳에서 더 활발하지.

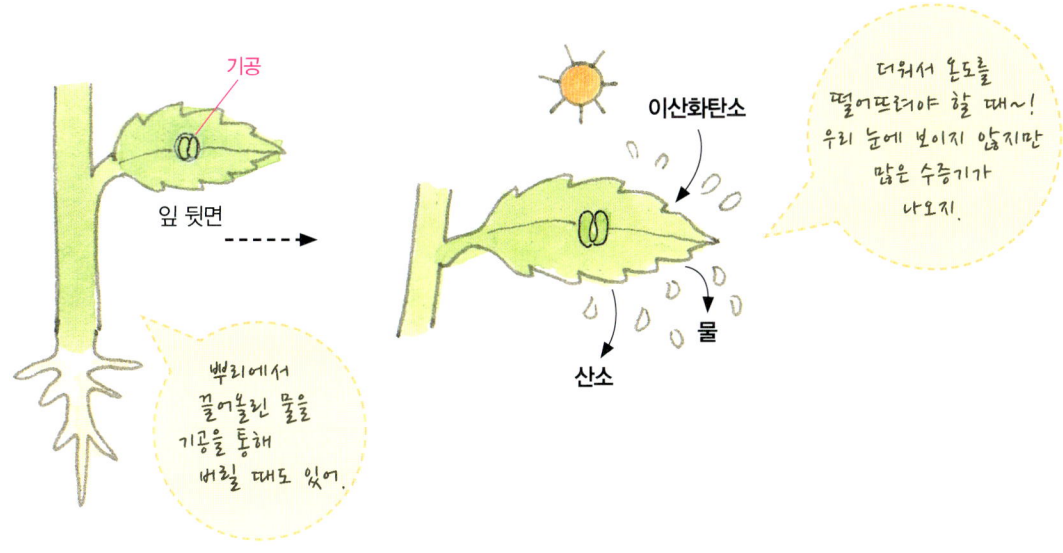

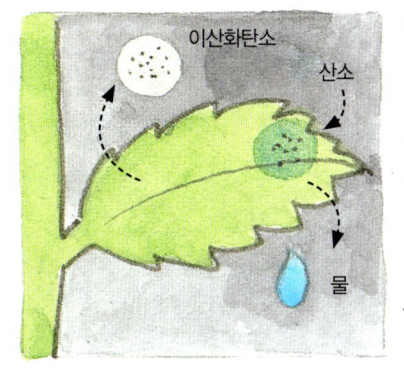

잎의 기공이 밤에 하는 일

식물의 잎이 낮과 밤에 하는 일은 달라. 기공도 낮과 밤에 하는 일이 다르지. 밤에도 기공에서는 물이 나와. 그런데 이때 내뿜는 물은 열기를 식히려는 물이 아니라, 남는 물을 버리는 거야. 밤을 지내고 나면 아침에 잎에 맺혀 있는 물을 자주 볼 수 있지.

◀ 밤에는 광합성을 하지 않고, 낮과 반대로 호흡을 해. 밤에는 산소를 마시고 이산화탄소와 물을 내놓지.

✱ 잎은 위대한 요리사

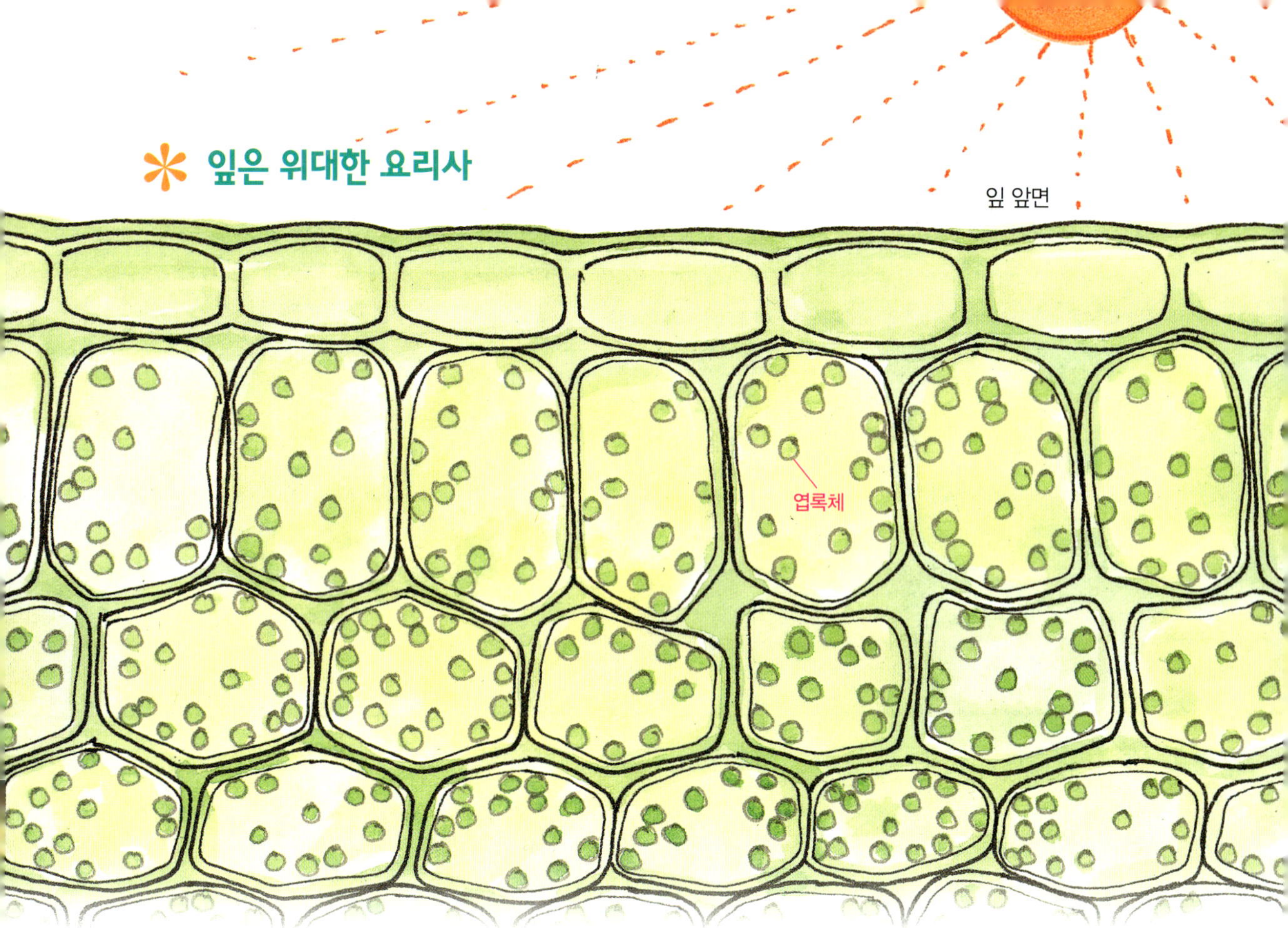

잎 앞면

엽록체

■ **햇빛을 좋아하는 엽록체**
잎의 앞면 표피와 세포 속의 엽록체를 아주 크게 확대한 모습이야.
햇빛이 약할 때에는 엽록체가 빛을 더 많이 받으려고
햇빛이 비치는 방향으로 움직이기도 해.

잎은 그 모양이 식물마다 다 달라. 각양각색 서로 다르게 생긴 수많은 잎도 한눈에 볼 수 있는 공통점이 있어. 바로 잎의 색깔이야. 싱싱한 잎은 모두 녹색을 띠지. 잎이 하는 신비하고 놀랄 만한 재주가 바로 이 녹색에서 시작된단다. 기공을 지나 잎 속으로 더 들어가 보자.

잎 속에 꽉 채워져 있는 세포들을 보렴. 여기에 녹색의 작은 입자들이 수십 개에서 수백 개 정도 들어 있어. 바늘 끝보다도 작은 세포 속에 이처럼 많이 들어 있다니 얼마나 작은지 상상하기도 힘들어. 이 녹색 입자의 이름은 '엽록체'야. 엽록체가 많은 잎일수록 더욱 짙은 녹색을 띠지. 시금치 색이 짙은 것은 엽록체가 많기 때문이야. 엽록체는 아주 작지만, 위대한 일을 한단다. 어떤 동물도, 심지어 훌륭한 과학자도 흉내 낼 수 없는 일이야.

자, 너에게 다음 세 가지 재료로 요리를 만들라고 하면 할 수 있겠니?
"이산화탄소, 물, 햇빛"
눈에 보이지도 않고 손에 잡히지도 않는 것으로 요리를 하라니, 도대체 말도 안 된다고? 이 일을 해내는 것이 바로 엽록체야. 위의 세 물질을 모아서 포도당 형태의 탄수화물을 만들어. 엽록체 속의 엽록소는 햇빛 에너지로 뿌리에서 올라온 물과 기공으로 흡수한 이산화탄소를 섞어서 탄수화물과 산소를 만들지. 이 과정을 '광합성'이라고 해.

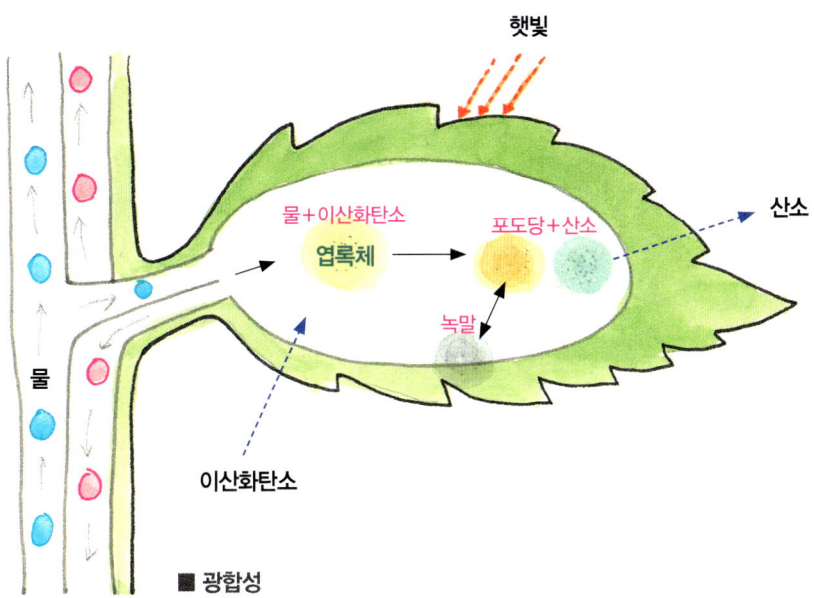
■ 광합성

식물은 이렇게 스스로 먹이를 만들어 먹으면서 잎도 만들고, 꽃도 피우고, 키도 키우고, 뿌리도 뻗어. 그래서 옮겨다니지 않고도 살 수 있는 거야. 엽록소를 품은 녹색의 잎을 가진 식물들은 모두 광합성을 할 수 있지. 뭐? 식물의 잎은 요리사가 아니라 마법사 같다고?

✷ 잎이 주는 또 다른 선물, 산소

잎은 낮 동안 쉬지 않고 광합성을 해. 광합성을 해서 영양분을 만들어 수십 미터가 넘는 나무로 자라고, 아름다운 꽃을 피우고, 커다란 열매를 맺지. 손에 잡히지 않는 햇빛과 기체로 요리를 하는 식물의 재주는 아무리 생각해 봐도 놀랍고 또 놀라워.

아찔한 상상을 하나 해 보자. 만약 식물의 잎들이 광합성을 멈춘다면? 식물 자신도 살 수 없지만, 모든 동물은 먹을 게 없어지겠지. 또 광합성을 할 때 산소가 나와. 식물은 쓰고 남은 산소를 공기 중으로 내뱉어 놓지. 잘 알다시피 동물들은 숨 쉬는 데 꼭 산소가 필요해.

사람은 태어나는 순간부터 식물의 도움을 받아. 태어난 아기가 응애응애 우는 것은 탯줄을 끊고 스스로 숨을 쉬기 위한 거야. 숨을 쉬는 것은 산소를 우리 몸에 넣는다는 뜻이지. 숨을 쉬어 산소를 몸속에 넣어 주지 못하면 동물들은 금세 죽고 말아.

식물이 주는 또 다른 선물이 있어. 공기 중에 있는 이산화탄소는 동물들에게 독약과 같아. 이산화탄소가 적으면 괜찮지만, 너무 많아지면 동물들은 죽게 될 거야. 그런데 동물에겐 독약 같은 이산화탄소가 식물의 광합성에는 꼭 필요해. 식물이 이산화탄소를 빨아들이니까 공기가 맑아지지.

먹을거리를 만드는 것, 산소를 내뿜는 것, 이산화탄소를 흡수하는 것, 이 세 가지 모두 식물이 지구에 사는 모든 동물에게 주는 귀한 선물이야. 식물의 잎이 광합성을 멈추는 일은 상상하고 싶지 않아.

지구는 거대한 식물원과 같아. 식물들이 없다면 지구에는 어떤 생물도 살 수 없을 거야.

✸ 잠을 자는 잎

동물과 식물은 무엇이 다를까? 식물은 한곳에서 나서 평생 자리를 옮기지 않고 느긋하게 살아. 동물은 활기 있게 움직이며 살지. 식물은 동물이 부럽지 않을까? 동물은 낮에 활기차게 다닐 수 있으니까.

그런데 생각해 보렴. 움직이는 동물은 덫도 피해야 하고, 하루에 몇 번은 먹이를 찾아 부지런히 다녀야 하지. 발에 걸리는 장애물을 피하고, 머리는 부딪히지 않게 조심해야 하고. 그렇게 한동안 활동하고 나면 꼭 쉬어야 해. 잠을 자면서 쉬어야 다시 활동할 수 있어. 동물은 잠을 자지 않으면 피곤해서 정신을 차릴 수가 없지. 그런데 동물처럼 움직이지 않는데도 잠을 자는 식물이 있어.

■ **밤이 되면 잠자는 잎**
잠을 자는 식물의 잎은 모두 겹잎이고 잎이 부드럽다는 특징이 있어. 밤이 되면 잎을 접어. 웅크리고 자는 동물들과 비슷하지.

밤이 되면 낮에 펼치고 있던 잎을 접고 잠이 들어. 싹이었을 때의 자세로 돌아가는 거야. 동물들이 잘 때에 몸을 둥글게 하고 눕는 것과 비슷하지. 강아지나 청둥오리처럼.

모든 식물이 자귀나무처럼 밤과 낮에 잎의 모양을 바꾸며 잠을 자지는 않아. 잎이 두껍고 탄탄한 잎은 밤에도 접히지 않지. 그렇지만 모든 식물은 밤과 낮에 잎이 하는 활동이 달라. 낮에 광합성을 하고, 해가 진 뒤에는 광합성을 하지 않지. 동물처럼 눈을 감고 자는 건 아니지만 식물도 낮에는 일을 하고 밤에는 쉬는 거야.

밤과 낮이 바뀌면 식물은 어떻게 될까?

어떤 과학자가 심술궂은 실험을 해 보았어. 밤낮을 바꾸는 실험을 한 거야. 미모사라는 식물을 빛이 차단된 방에 둔 다음, 낮에는 깜깜하게 하고 밤이 되면 환하게 전깃불을 밝혔지. 미모사도 낮에는 잎을 펼쳤다가 밤이 되면 잎을 접고 잠을 자는 식물이야. 낮과 밤의 모습이 확실히 구분되겠지. 며칠을 반복한 결과, 미모사는 밤이라도 전깃불이 환한 밤에 잎을 펼쳤고, 불을 끄면 잎을 접었어. 하지만 실험하는 동안 미모사는 무척 쇠약해졌단다. 밤낮이 뒤바뀐 생활이 식물도 힘겨웠나 봐. 우리도 공부할 때는 공부하고 놀 때는 제대로 놀고 잠은 푹 잘 줄 아는 사람이 되어 보자. 그래야 건강하게 자랄 테니까.

◀ 실험을 하기 위해 낮에 햇빛을 막았어.

◀ 반대로 밤에는 환하게 불을 밝혔지.

아홉 번째 이야기

꽃

파브르는 꽃을 '식물의 걸작'이라고 말했어.
걸작은 매우 훌륭한 작품이란 뜻이야.
꽃은 색도 모양도 화려해서 눈에 아주 잘 띄지.
잎의 뛰어난 건축 기술인 잎차례를 기억하지?
꽃의 건축 기술인 꽃차례는 더 뛰어나.
작은 꽃도 빽빽하게 모여 핀 꽃차례로 보면
커다란 한 송이 꽃처럼 보이기도 해.

그런데 그런 생각해 봤니?
식물은 왜 꽃을 화려하게 피울까?
복잡한 꽃잎을 만들고, 알록달록 색깔을 입히고
아주 많은 수의 꽃을 피우는 것이
식물에게 쉬운 일이 아닐 텐데 말이야.
왜 그런지 지금부터 알아보자.

✱ 씨앗을 만들기 위한 꽃

잎과 꽃이 하는 일을 가장 간단하게 말해 볼까? 잎은 식물이 먹을 영양분을 만들고, 꽃은 씨앗을 만들어. 잎은 올해를 위해 일하고 있고, 꽃은 다음 세대를 위해 일하는 거야.

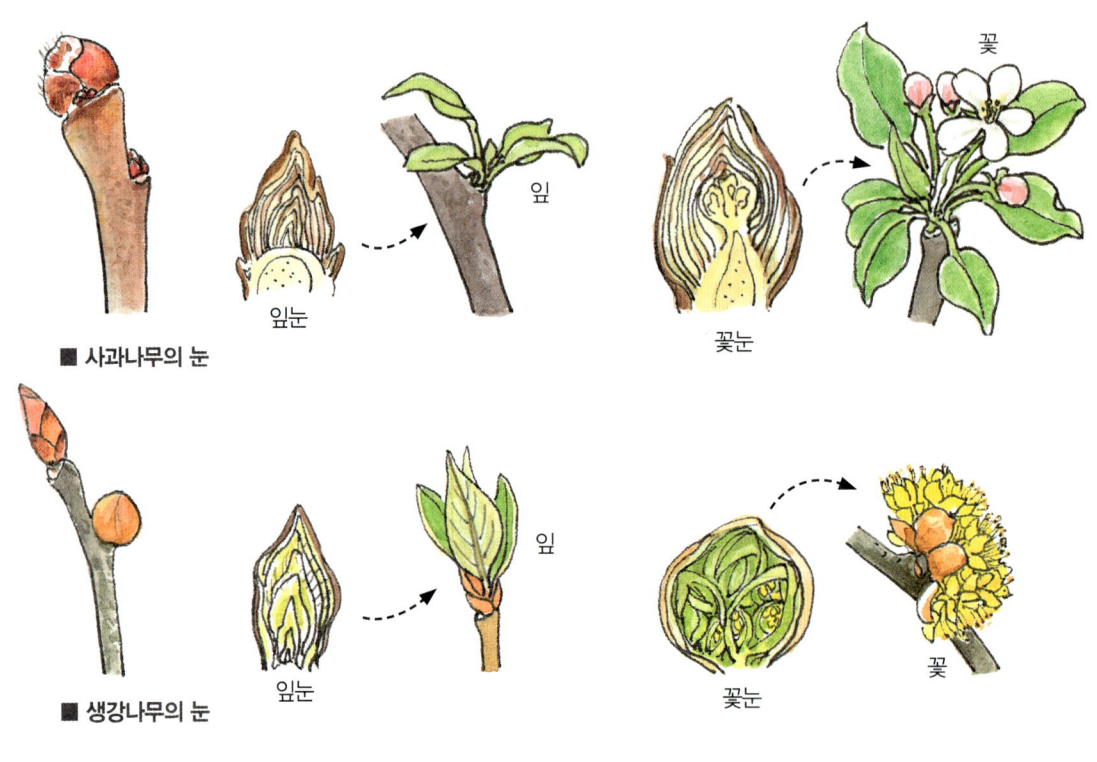

■ 사과나무의 눈

■ 생강나무의 눈

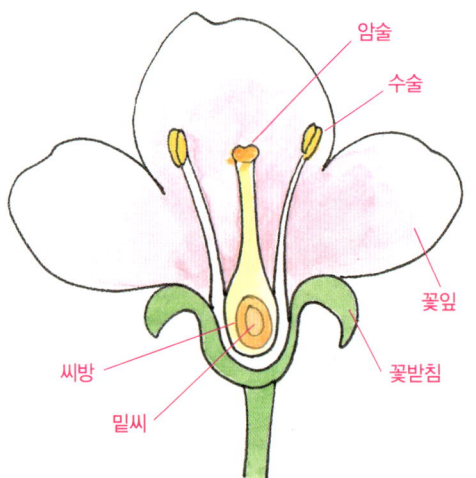

■ **꽃의 기본 구조** 속씨식물의 꽃을 간략히 그려본 거야.

자, 꽃의 생김새를 볼까? 꽃 모양이 아무리 다양해도 모두 기본 구조로 이루어져 있어. 암술과 수술이 꽃에게 가장 중요한 부분이야. 꽃잎이나 꽃받침이 없는 꽃도 있지만 모든 꽃식물에는 암술과 수술이 있지. 씨앗이 만들어지려면 암술 속의 밑씨와 수술의 꽃가루가 만나야 하거든.

암술과 수술이 한 꽃 안에 다 갖춰져 있는 꽃도 있고, 암꽃과 수꽃이 따로 피는 식물도 있지.

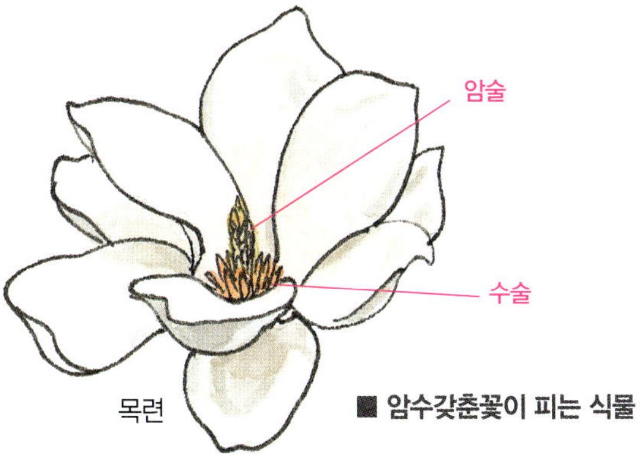

목련
■ 암수갖춘꽃이 피는 식물

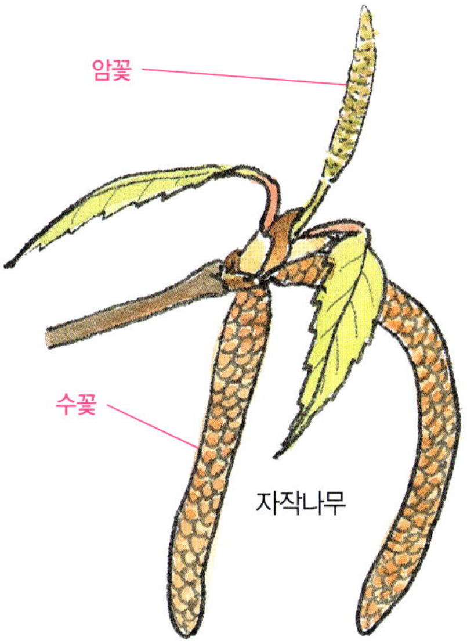

자작나무
■ 한 나무에 암꽃과 수꽃이 따로 피는 식물

은행나무

암꽃만 피는 암나무에 열매가 열리지.

수꽃만 피는 수나무에는 열매가 달리지 않아.

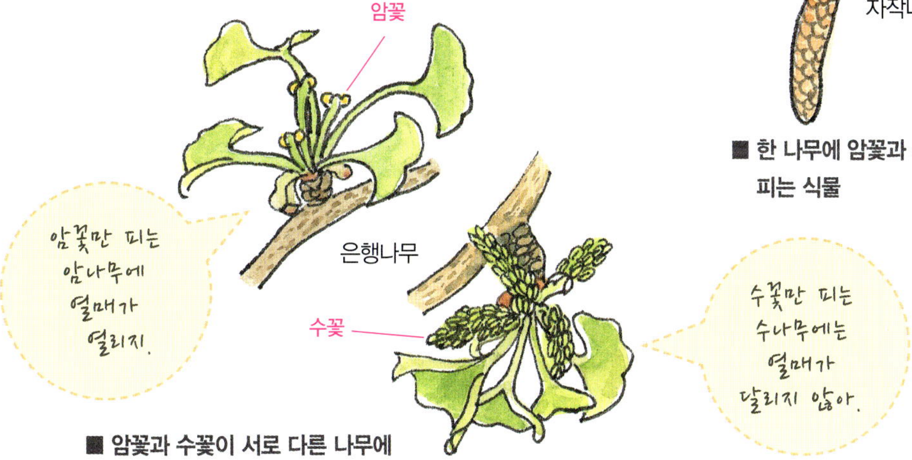

■ 암꽃과 수꽃이 서로 다른 나무에 피는 식물

꽃을 피우지 않는 식물도 있을까?

이끼, 고사리, 쇠뜨기

우리가 지금까지 살펴본 나무와 풀은 모두 '꽃식물(종자식물)'이야. 꽃을 피우고 씨앗을 만든 뒤, 씨앗으로 번식하는 식물이지. 소나무, 은행과 같은 겉씨식물과 사과와 목련 같은 속씨식물(외떡잎식물과 쌍떡잎식물)이 꽃식물이지.
반면 꽃식물이 아닌 식물도 있어. 고사리류나 이끼류는 꽃이 피지 않아서 '민꽃식물'이라고 해. 그럼 민꽃식물들은 번식을 어떻게 할까? '포자'로 번식해. 고사리의 경우, 잎 뒷면에 포자가 아주 많이 붙어 있어. 식물이 진화한 순서로 보면 꽃식물보다는 이끼류, 고사리류가 먼저 나타났다고 해. 진화의 측면에서 보면 꽃식물이 발달했고, 누가 더 오래되었는지를 기준으로 따지면 꽃이 피지 않는 민꽃식물들이 앞서지.

✱ 모양도 색깔도 다양한 아름다운 꽃

식물의 잎은 기억하지 못해도 꽃을 아는 사람은 많아. 개나리의 잎은 어떻게 생겼는지 모르지만 꽃 모양을 모르는 사람은 없잖아. 그만큼 꽃은 화려하고 예쁘기 때문이지. 우선 다양한 꽃을 보자. 꽃의 아름다움을 실컷 감상해 보자고. 꽃은 모양이 참 다양하고 색도 무척 여럿이야.

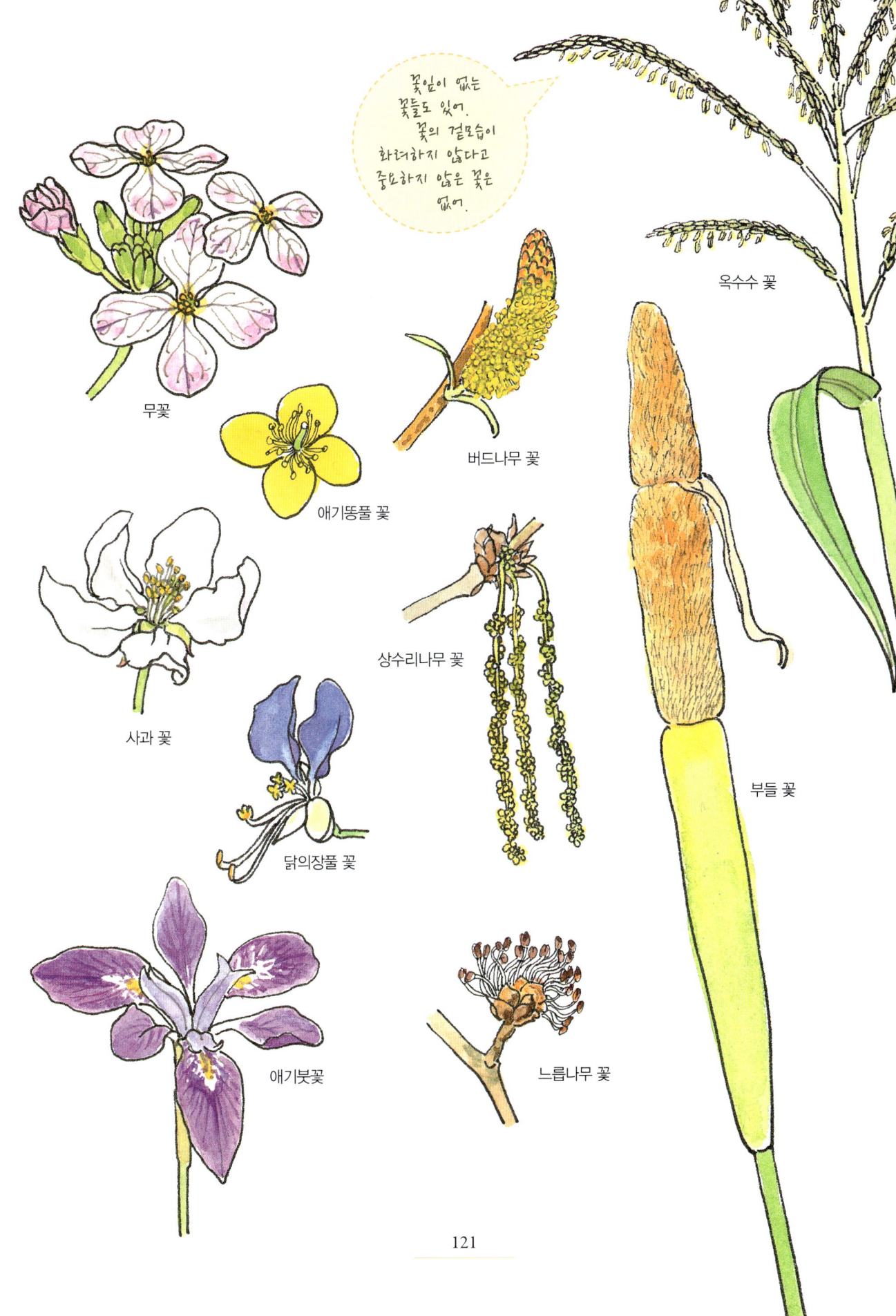

✳ 아름다운 꽃차례

식물은 질서를 잘 지키잖아. 그냥, 대충, 아무렇게나 달리는 꽃은 없어. 잎이 건축을 잘하는 것처럼 꽃도 규칙 있게 달려. 잎이 잎차례에 맞추어 났듯이 꽃도 '꽃차례'에 맞추어 피지. 부추 꽃처럼 우산살 모양으로 달리는 꽃차례도 있고, 자작나무 꽃처럼 꼬리 모양으로 길다란 꽃차례도 있어. 꽃차례는 꽃줄기에 꽃송이가 붙는 규칙을 말하는 거야.

앵초 꽃

부추 꽃

봄맞이꽃

범꼬리 꽃

산수국 꽃

버드나무 꽃

버드나무와 자작나무 꽃이 한 덩어리처럼 보이지만 수많은 작은 꽃이 촘촘히 모여 핀 거야.

파리풀 꽃

자작나무 꽃

노루오줌 꽃

✻ 꽃가루받이를 위해 만드는 화려한 꽃잎과 꽃차례

꽃은 씨앗을 만들기 위해 피는 거야. 그럼 암술과 수술만이 중요할 텐데, 왜 꽃잎과 꽃받침을 만들까? 색도 다양하고 무척 정교하게 만들어. 이런 꽃을 아주 많이 만드는 데에 식물들은 큰 힘을 쏟아야 해. 식물이 꽃에 왜 이렇게 공을 들이는지 이제 밝힐 차례야.

암술과 수술이 만나야 씨앗이 만들어지지. 수술에는 꽃가루가 있는데, 꽃가루가 암술머리에 닿는 것을 '꽃가루받이'라고 해. 한자로는 '수분(受粉)'이라고 하지. 받을 수, 가루 분. '가루를 받는다'는 뜻이야.

꽃가루가 날려서 암술머리에 앉아야 꽃가루받이가 이루어지는데, 식물은 스스로 움직일 수 없지. 식물은 이때 도움을 받아야 해. 꽃이 화려한 이유는 '꽃가루받이'가 잘 되기 위한 거야. 곤충들이 알아보기 쉽게 하려는 거지. 또 꽃이 와글와글 모여 피면 눈에도 더 잘 띄어서 곤충도 잘 찾을 거고, 바람에도 더 잘 흔들릴 거야. 꽃차례도 꽃가루를 잘 퍼트리려는 식물의 노력이야.

벌과 등에나 나비와 같은 곤충뿐만 아니라, 새의 도움도 받고 또 바람과 물의 도움을 받아서 꽃가루받이를 하기도 해. 동물과 식물은 끈끈하게 이어져 있고, 서로 도우며 살고 있어.

꽃가루받이를 잘 하기 위한 식물의 또 다른 전략

식물들은 꽃가루받이하는 방법을 다양하게 해서 경쟁을 피해. 꽃 피는 때를 서로 다르게 하는 것도 좋은 방법이야. 똑같이 벌에게 꽃가루받이를 하더라도 시기가 다르면 경쟁을 피할 수가 있잖아. 눈도 녹지 않은 이른 봄에 꽃이 피면 뭐가 좋을까? 다른 꽃들이 피기 전이니까 경쟁을 하지 않아도 될 거야. 또 거의 모든 꽃이 지고 난 늦가을에 꽃이 피어도 역시나 다른 꽃들과 경쟁하지 않게 되지. 그러고 보니 식물은 계절을 알고 있나 봐. 언제나 알맞은 계절에 꽃을 피우잖아.

◀ 2월에 눈을 뚫고 피어난 복수초

◀ 11월에 피어나서 서리를 맞은 산국

꽃가루받이를 하는 방법이 참 여러 가지지? 꽃가루받이 하는 방법이 여럿이면 뭐가 좋을까? 경쟁을 덜 하겠지. 만약 모두 다 벌에게만 의지하면 경쟁이 너무 치열할 거야. 꽃가루받이를 못 하는 식물이 생길 가능성이 높지. 또 모든 식물이 바람의 도움으로 꽃가루받이를 한다고 상상해 봐. 그럼 공기가 온통 꽃가루로 꽉 차서 식물은 물론이고 동물들도 숨쉬기 어려울 거야.

열 번째 이야기

씨앗

꽃은 곧 씨앗이야. 무슨 말이냐고?
위치는 다르지만 모든 꽃은 씨가 자랄 방을 갖추고 있지.
식물의 입장에서 생각해 봐.
중요한 것은 꽃잎이 아니고, 씨앗이란 것은 당연하잖아.
꽃은 씨앗을 만들기 위해 피우는 거야.
이런 의미에서 '꽃과 씨앗은 한 몸'이라고 할 수 있어.

맨 처음에 '식물과 동물은 형제'라는 걸 배웠다면,
이제 마지막으로 '꽃과 씨앗은 한 몸'이라는 걸 배울 차례야.
동물과 식물은 모두 자손들을 남기지.
그 종이 오래 살아남으려면 자손을 많이 퍼뜨려야 해.
새끼를 많이 낳고 씨앗을 많이 퍼뜨려야
후손을 통해서 계속 살아간다고 말할 수 있잖아.
씨앗에 정성을 들일 수밖에.
식물들이 정성을 다해 만드는 씨앗을 보러 가자.

✱ 열매는 씨앗을 담는 그릇

식물은 꽃가루받이가 끝나자마자 씨앗을 만드는 데에 전념해. 공들여서 예쁘게 만들었던 꽃잎은 주저하지 않고 떨어뜨려 버리지. 씨방 안에서는 씨가 맺히기 시작해. 그리고 나서 바로 씨방을 키우는 일에 온 힘을 쏟아.

■ 꽃이 열매를 맺기까지

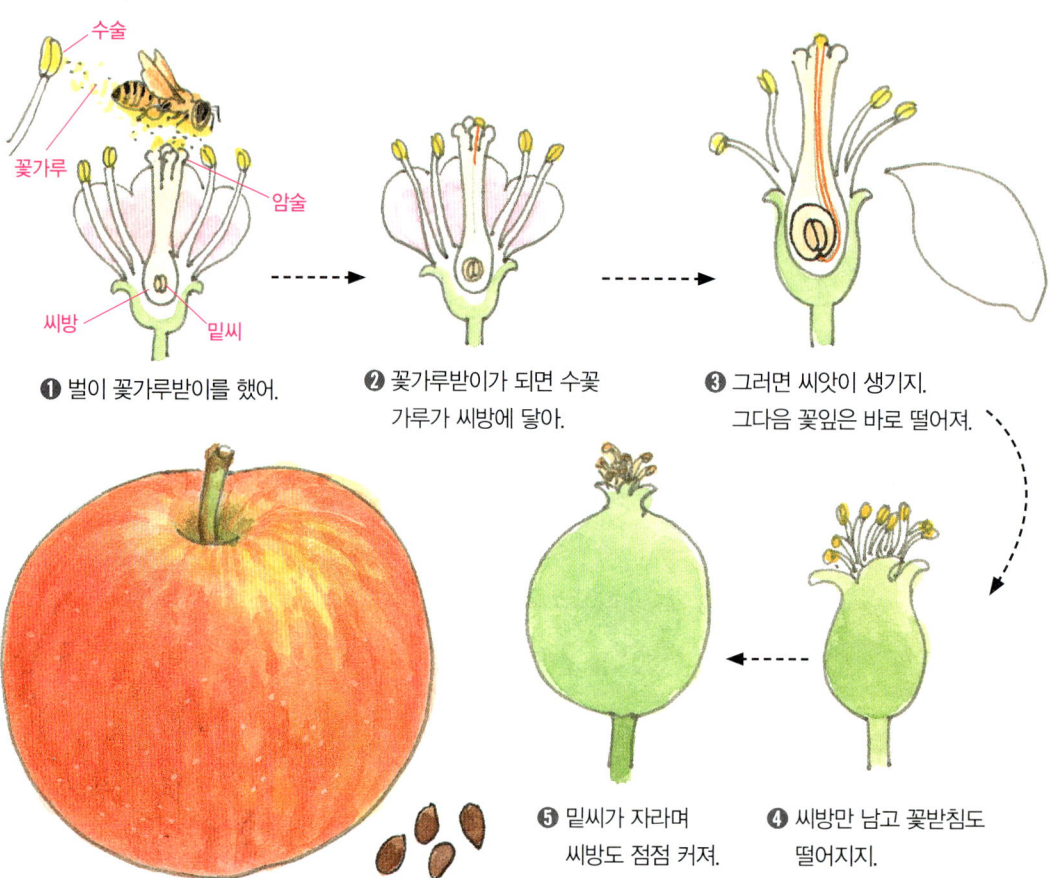

❶ 벌이 꽃가루받이를 했어.

❷ 꽃가루받이가 되면 수꽃가루가 씨방에 닿아.

❸ 그러면 씨앗이 생기지. 그다음 꽃잎은 바로 떨어져.

❹ 씨방만 남고 꽃받침도 떨어지지.

❺ 밑씨가 자라며 씨방도 점점 커져.

사과의 경우, 씨방이 사과의 열매살과 껍질이 되고, 밑씨가 씨앗으로 자라.

식물에게는 열매보다 열매 속에 있는 씨앗이 중요해. 식물 입장에 서서 보면 열매는 씨앗에게 가장 맛있고 알찬 음식을 주고, 또 씨앗을 튼튼하게 감싸서 안전하게 지키는 일을 하지.

■ **여러 가지 열매와 씨앗**
모든 열매에는 씨앗이 있어. 사과처럼 씨앗이 열매 속에 있는 것을 '속씨식물'이라고 해.
아래 열매 그림 가운데 잣나무와 은행나무는 '겉씨식물'이야.

✽ 씨앗을 널리 퍼뜨리려는 식물의 노력

씨앗을 만든 식물은 이제 널리널리 퍼뜨려야 해. 이때 식물은 동물이나 바람의 도움을 받아. 씨앗에게는 새로운 모험이 시작되는 거야. 태어난 곳을 포기하고, 여행을 떠나서 새롭게 살 곳을 찾지. 히드라도 그랬잖아. 사람도 그렇지.

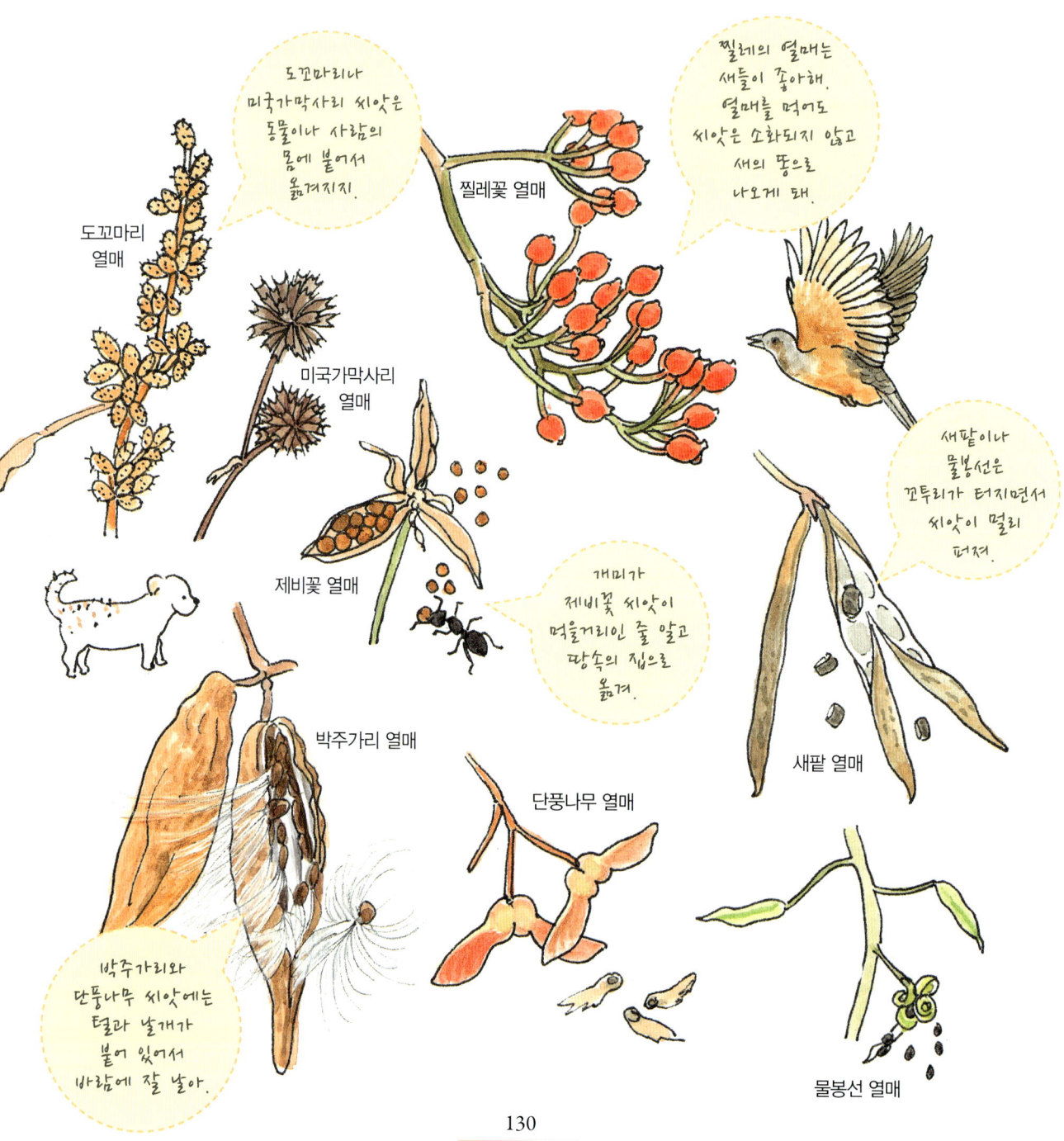

식물이 번식을 하는 여러 가지 방법

▲ 나자스말

식물은 번식할 수 있는 모든 방법을 동원하고 있어. 꽃이 피고 열매를 맺는 것 말고도 여러 방법을 쓰고 있지. 민물 속에 사는 나자스말을 만나 보자. 하늘하늘 보드라운 술이 달린 기다란 끈 같아. 마디마다 실같이 가느다란 잎들이 돌려나 있어. 나자스말은 아주 잘 자라. 기후가 맞으면 하루가 다르게 부쩍 자라서 물속을 가득 채우기도 해. 이렇게 줄기와 잎을 빠르게 늘리는 이유는 무얼까? 영양분을 많이 만들려는 거야. 영양이 많아야 번식을 잘 할 수 있을 테니까.

나자스말은 번식을 할 때 꽃을 피우고 열매를 맺어. 당연히 씨앗을 만들어서 퍼뜨리지. 하지만 이 방법만 쓰지는 않아. '기는줄기' 기억나지? 딸기나 잔디처럼 나자스말도 기는줄기가 있어. 여기서 막뿌리를 내리면서 포기를 늘려 가지. 또 줄기 마디가 끊어져서 땅에 떨어져도 뿌리를 내리고 자라.(꺾꽂이를 해도 잘 자라는 버드나무처럼!) 또 씨앗을 일 년에 한 번만 만드는 게 아니야. 날씨와 환경만 맞으면 한 해에 여러 번 씨앗을 만들 수도 있어.

▲ **열대 수련** : 더운 지역에서 자라는 수련이야. 열대 수련도 나자스말처럼 땅속줄기에서도 포기를 늘리고, 씨앗도 퍼뜨려. 나자스말이 줄기 한 마디로도 번식하는 것처럼 열대 수련은 잎이 떨어져도 한 포기로 자라나. 잎에서 뿌리를 내리다니, 놀라운 재주지?

✱ 오늘과 미래를 함께 준비하는 동물과 식물

모든 식물은 굉장히 많은 씨앗을 만들고 퍼뜨리지. 물속에 사는 물고기들도 아주 많은 알을 낳지. 대구는 한 번에 수백만 개의 알을 낳아. 그래도 종이 크게 늘어나지 않는 까닭은 그 알이 모두 깨어나는 건 아니기 때문이야. 식물도 마찬가지야.

씨앗을 잘 이해하기 위해, 이번에도 물속으로 가 보자. 바다에 왔어. 아주 넓은 바다야. 해파리 떼가 보여. 해파리는 어두운 곳에서 아름다운 빛을 내며 헤엄쳐 다니지. 해파리가 뿜는 빛은 아주 아름다워. 해파리의 한살이는 히드라와 아주 비슷해. 히드라처럼 촉수로 먹이를 잡아먹고 알을 낳아서 자손을 퍼뜨리며 살아가지.

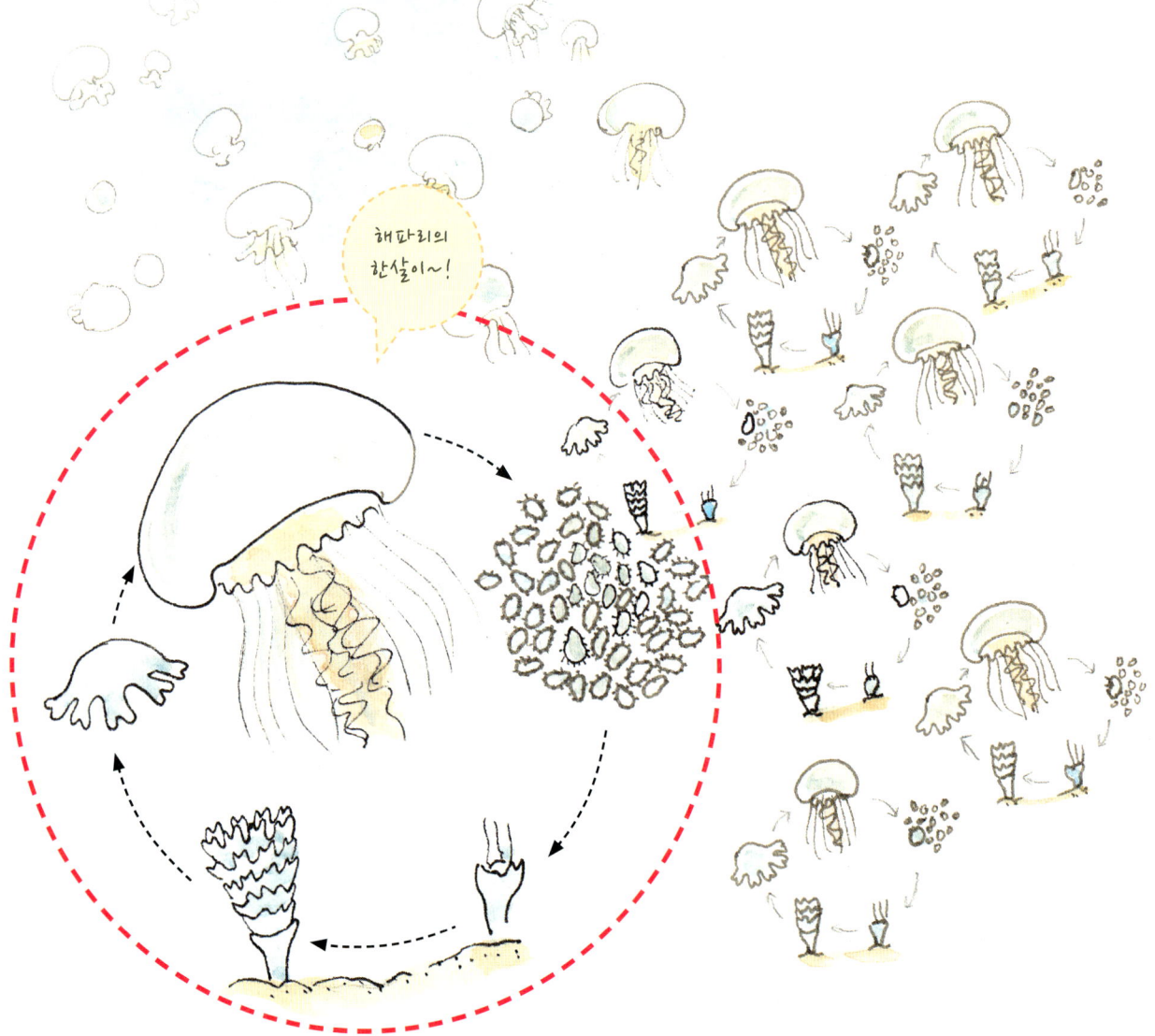

해파리의 한살이~!

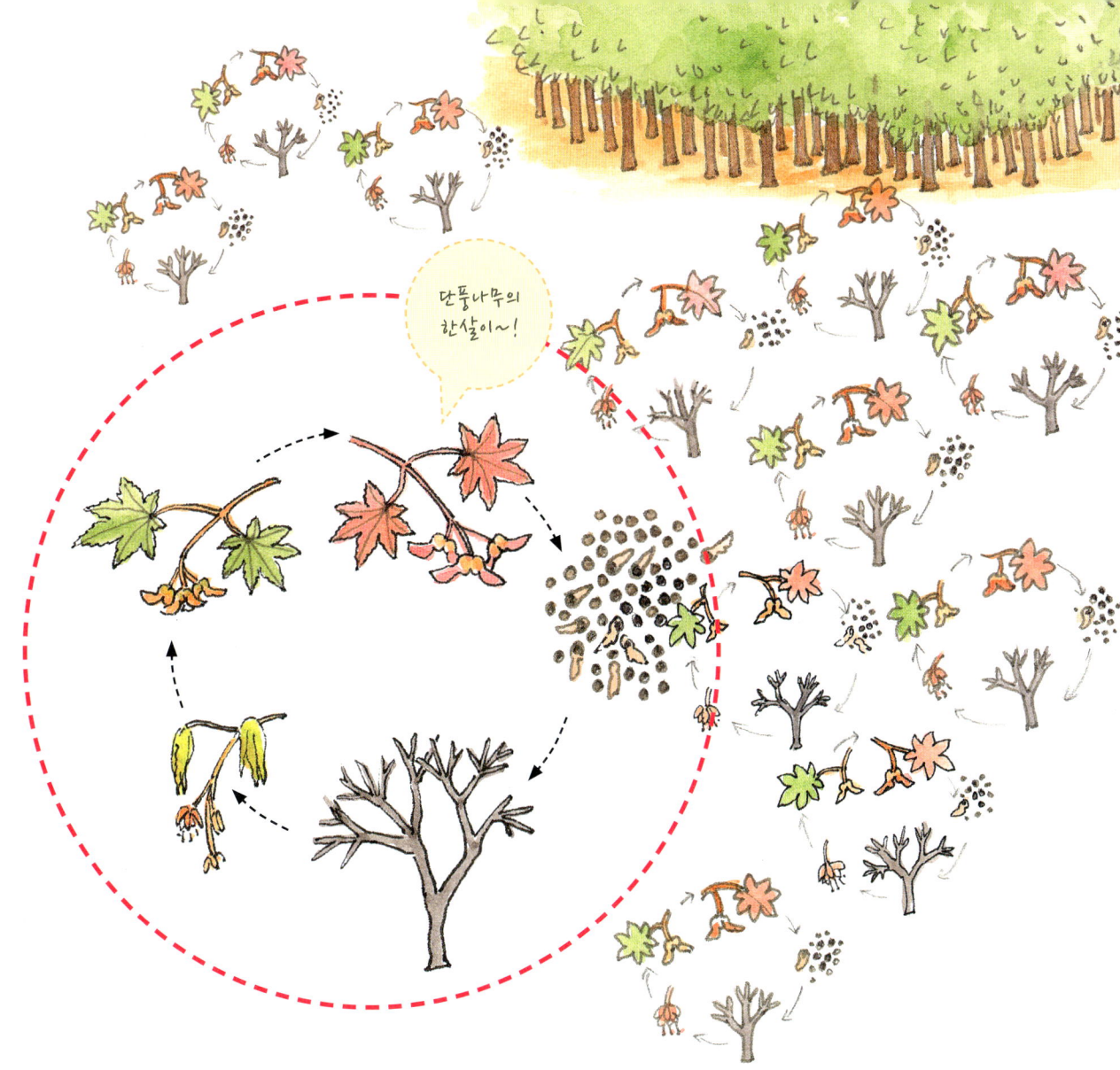

해파리가 성장하고 알을 퍼뜨리는 모습과 단풍나무가 성장하고 씨앗을 퍼뜨리며 사는 그림을 견주어 보렴. 동물과 식물이 참 비슷하지? 생물들은 자신이 살아가는 동안에는 꾸준히 성장을 하고, 그러면서 또 알이나 씨앗을 만들어서 다음 세대를 준비해. 많은 씨앗을 만들어서 널리널리 퍼뜨리고, 그 씨앗들은 각자 주어진 자연환경에 영리하게 적응하며 살아가지.

동물이든 식물이든 자손을 많이 낳아서 후손을 통해서 계속 살아간다고 말할 수 있어. 종이 멸종되기 전까지는 말이야.

✱ 씨앗이 싹을 틔우려면

식물이 애써 만든 씨앗이 모두 싹을 틔우는 건 아니야. 적절한 땅에 자리를 잡지 못하면 썩거나 말라버리기도 하고 많은 씨앗들은 동물들의 먹이가 되기도 해. 운 좋게 좋은 땅에 자리를 잡았어도 온도가 맞지 않거나 물기가 없으면 싹이 트지 않지. 또 싹을 틔우려면 산소도 있어야 하고, 그리고 시간이 필요해. 많은 씨앗 중에 싹을 틔우는 것은 많지 않아.

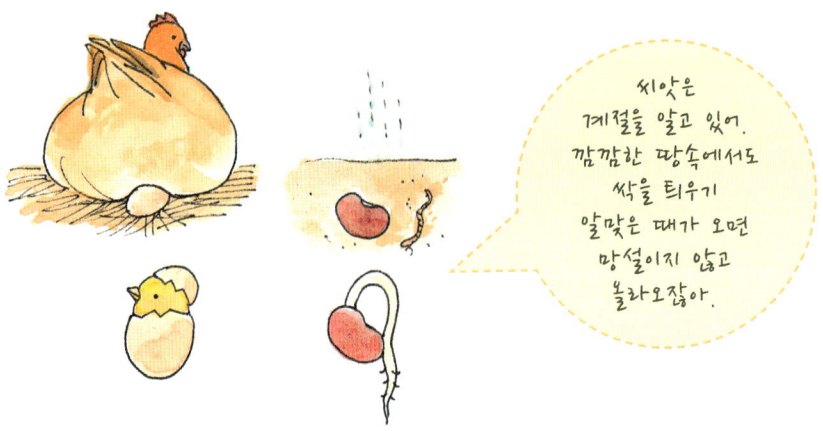

씨앗은 계절을 알고 있어. 깜깜한 땅속에서도 싹을 틔우기 알맞은 때가 오면 망설이지 않고 올라오잖아.

그러고 보면 어미 닭이 달걀을 따뜻하게 품어 부화시키는 것처럼 지구라는 엄마가 흙, 공기, 물을 주고 햇볕을 쪼이면서 씨앗을 틔우는 것 같아. 어떤 씨앗은 싹을 틔울 조건이 맞지 않으면 몇 년간 기다렸다가 싹을 틔우기도 해. 수백 년 전 무덤에서 나온 씨앗이 싹을 틔우기도 한단다.

모든 식물에게는 흙이 꼭 필요해.

■ **녹말을 녹이며 싹을 틔우는 씨앗들** : 싹을 틔울 조건이 되면 씨앗 속에 단단하게 저장해 두었던 녹말덩어리를 묽게 바꾸어.(앞에서 봤던 엿기름을 떠올려 봐. 보리가 싹을 틔울 때 말랑말랑해졌지.) 이것을 먹으며 싹을 틔우고 뿌리를 내리는 거야. 싹이 아무리 딱딱한 씨앗 껍질도, 단단한 흙도 뚫고 나오는 힘이 여기서 나와.

싹을 틔운 씨앗은 엄마 식물과 똑같은 모습으로 점차 자라나지. 엄마 식물의 기억이 씨앗에 다 담겨 있는 걸까? 모양뿐만 아니라 사는 법도 이미 알고 있어. 엄마 식물이 하나하나 알려 주지 않아도, 어려운 책을 읽어 주지 않아도, 식물들은 자신에게 맞는 눈을 만들고 줄기와 뿌리를 만들어 내고 또 꽃을 피우고 씨앗을 만들어 퍼뜨릴 거야.

✸ 다시 시작되는 식물의 삶

파브르는 어릴 적에 사전의 책갈피에 꽃을 끼워놓았대. 파브르는 어릴 때부터 식물의 아름다움을 알았어. 파브르의 식물에 대한 관찰과 연구에는 애정이 담뿍 담겨 있었어. 이러한 관찰과 연구는 평생 계속 되었지.

파브르가 식물을 바라보는 눈으로 식물을 보면, 숲길을 걷다가 주운 잎 하나 씨앗 하나도 소중하게 보일 거야. 잎과 씨앗을 보며 커다란 나무를 상상할 수 있어. 앎은 생각을 넓혀 주고 상상력도 키워 주지. 또 앎은 상대를 폭넓게 이해하게 해 주고 사랑하게도 만들어.

훌륭한 과학자도 흉내 내지 못하는 식물만의 신비한 재주가 뭐가 있었지? 수많은 눈을 만들고 그 눈들을 잘 키워 내는 재주, 잎 속에서 햇빛과 물과 이산화탄소만으로 영양분과 산소를 만들어 내는 재주, 줄기와 뿌리가 고집스럽게 하늘과 땅으로 향하는 재주, 씨앗에 저장된 녹말을 녹여서 싹을 틔우는 재주……. 셀 수 없이 많아. 아직도 알아내지 못한 식물의 생활이지. 무엇을 모르는지 아는 것도 또 하나의 지식이 되고 호기심을 무럭무럭 자라게 할 거야.

이제 여러분이, 식물들처럼 쑥쑥 자라나는 친구들이, 식물과 더욱 친해지고 애정을 갖고 관찰해서 조금씩 무리 없이 더 많은 사실을 알아내야 해. 식물의 특징을 아는 것에서 멈추지 않고, 파브르처럼 개성 있게 살면서도 서로 돕고 사는 멋진 식물에게 존경심을 표현해 보면 더욱 좋겠지. 그렇게 식물에게서 얻은 지식과 지혜로 멋지고 자신감 있게 자란다면 더더욱 좋을 테고!

찾아보기

가재 16
갈대 31
갈퀴덩굴 102
감꽃 120
감나무 73, 74, 88~89, 96, 129
감자 36~39, 58~59, 82
강낭콩 30, 57, 129
갖춘잎 96, 101
개구리 58
개나리 29, 87, 120
갯버들 25
검정말 85
겉껍질(코르크층) 66~67
겉씨식물 49, 119, 129
겨울눈 24~29, 37
결명자 114
겹잎 100~101, 104, 114
곁뿌리 81
계수나무 99
고구마 38~39, 82
고등식물 69
고무나무 69
고사리 119

고사리류 49, 71, 119
고욤나무 88~89
고추 30
곰팡이 60~61
공기구멍(기공) 108~109
과꽃 120
관다발 64, 69~71, 73~74, 89
광합성 108~109, 111, 113, 115
괭이밥 31
구슬눈(주아) 32~34, 42
국수나무 96
균 60~61
그물맥 100~101
기공(공기구멍) 108~111
기는줄기 76, 84, 86, 131
긴병꽃풀 85
꺾꽂이 87, 131
껍질눈 65
꼭두서니 102
꽃가루 124~125
꽃가루받이(수분) 124~125, 128
꽃마리 99, 102, 123
꽃받침 118, 124, 128
꽃식물(종자식물) 49, 119
꽃잎 28, 118, 121, 124, 128

ㄴ

나란히맥 100~101
나무껍질 64~65, 67, 69
나사말 125
나이테 43~48
나자스말 131
난티나무 99
낭아초 114
냉이 98
노루오줌 122
노린재나무 120
녹말 58~59, 108, 111, 113, 134, 136
눈 17, 21, 24, 34~39, 42~45, 48, 58, 77
눈비늘 25~26, 28
느릅나무 121
느티나무 25, 42, 44~45, 65, 74, 102
능소화 25, 76, 84

ㄷ

닥나무 54, 98
단풍나무 99, 100, 129, 130, 133
달개비 85
달리아 39
달맞이꽃 103
닭의장풀 121
담쟁이덩굴 76, 84, 98

당근 82~83
대추나무 105
덩굴나무 74~76, 84
덩굴손 104
덩굴 식물 75, 76
덩굴줄기 76
덩이뿌리 82
도꼬마리 130
도마뱀 16
돌려나기 102
돌콩 75
동백꽃 125
동백나무 29
둥글레 77
등나무 75, 101, 123
딸기 76, 84~87, 131
땅속줄기 38, 77, 131
때죽나무 27
떡잎 70
떨켜 98

ㅁ

마가목 129
마늘 34~38, 58, 128
마주나기 102
막뿌리(부정근) 84~87, 90, 131

메꽃 75, 99
명아주 31
목련 25, 29, 49, 119
무 82~83
무궁화 25, 120
무꽃 121
무생물 54
무화과나무 71
물관(변재) 67, 69~70, 108
물봉선 130
뭉쳐나기 102
미국가막사리 130
미모사 115
민꽃식물 49, 119
민들레 99, 120, 129

ㅂ

바나나 나무 71
바랭이 85
박주가리 31, 69, 102, 130
밤나무 46~47, 129
배롱나무 99
백일홍 123
버드나무 65, 71, 87, 102, 121, 122, 131
버들피리 65
벌 18, 124~125, 128

벌레잡이통풀 104
범꼬리 122
벚꽃 120
벚나무 64~65
벼 71, 73
보리수나무 27
복수초 124
복숭아 129
봄맞이 122
부들 121
부름켜(형성층) 67, 69~70
부정근 84
부추 122
분해 61
붙음뿌리 84
비늘잎 35
뿌리 33~39, 42~44, 46, 48, 56, 59, 67, 70, 76, 77, 80~90, 98, 109, 111, 131, 134, 136

ㅅ

사과 128
사과나무 25, 118
사철나무 29, 123
산국 124
산달래 33

산사나무 99, 129
산수국 122
산수유 99
산호 18~21, 32, 43, 48~49
살갈퀴 104
살구나무 102
상수리나무 97, 121
새팥 130
생강 31
생강나무 27, 29, 118
생물 15, 54, 61, 111, 133
서어나무 25
석류 129
선인장 105
세맥 97
세포 20, 54~59, 61, 64, 66~68, 71, 89, 108, 110~111
세포벽 54~55, 57
세포질 55, 71
소나무 49, 66~67, 87, 102, 125
소리쟁이 31
소엽 101
속씨식물 49, 119, 129
쇠뜨기 119
수나무 119
수분 124
수수꽃다리 21, 24, 49, 120

수술 118~119, 124
수염뿌리 81, 83
수형 74
신갈나무 26
심재 66~67
싸리나무 101, 123
쌍떡잎식물 49, 70~73, 80~81, 83, 100, 119, 134
쐐기풀 105
쑥 31
쑥부쟁이 99
씨방 118, 128

아까시나무 105
안갖춘잎 96, 101
암나무 119
암술 118~119, 124
애기똥풀 69, 100, 121
애기붓꽃 121
앵초 120, 122
양귀비 69
양버즘나무 25
양파 35~38, 58, 128
어긋나기 102
엉겅퀴 105, 123

여러해살이 식물 30
여러해살이풀 77
여름눈 30
열대 수련 131
엽록체 55, 108, 110~111
엿기름 59, 134
오동나무 25
오이 83
옥수수 86, 121, 129
왕고들빼기 100
외떡잎식물 49, 70~73, 80~81, 83, 98, 100, 119, 134
원뿌리 81, 83
유액 54, 71, 77
유채 123
은방울꽃 120
은사시나무 65
은행나무 25, 47, 74, 98, 99, 119, 129
이끼 119
이끼류 49, 71, 119
잎맥 97, 100~101, 105, 108
잎몸 96~97, 99~101, 108
잎살 97
잎자루 27, 96, 99~101
잎집 100
잎차례 102~103, 122

자귀나무 101, 114~115
자작나무 25, 65, 97, 99, 119, 122
작은 잎(소엽) 100~101, 104
잔뿌리 81
잣나무 129
접붙이기 88~89
제비꽃 99, 120, 130
조 72~73
조릿대 99
졸참나무 129
종자식물(꽃식물) 49, 119
주맥 97
주아 33
줄기 21, 32, 34~39, 43~44, 46, 56, 64~66, 68~77, 80~90, 98, 100~102, 104, 131, 135, 136
진달래 29
쪽동백나무 27
찔레꽃 125, 130

참나리 32~34, 42, 48
참마 32, 34
참취 123
청미래덩굴 99, 104

체관 67, 68, 71, 108
측맥 97
층층나무 99
칠엽수 28, 101
칡 75

ㅋ

콩 58, 71, 111
큰키나무 74, 81

ㅌ

탱자 25
턱잎 96, 104~105
토끼풀 31, 84~85
튤립나무 99

ㅍ

파리지옥 105
파리풀 122
팥 80
팥배나무 65
포도나무 104, 129
포자 49, 71, 119
폴립 18~19, 21, 32, 43

피나물 71

ㅎ

하늘나리 120
하등식물 71
한해살이풀 30~31, 34
해파리 130, 132~133
핵 55, 57
향모 31
형성층(부름켜) 67, 70
호드기(버들피리) 65
호랑가시나무 99, 105
호박 57, 83, 129
홑잎 100
환삼덩굴 31
황칠나무 98
회양목 102
휘묻이 87
히드라 14~21, 28, 32~33, 42, 48, 87, 130, 132

식물 그림으로 찾아보기

*이 책의 그림에 나온 식물 153종을 찾아보세요. 굵은 글씨는 해당 그림의 쪽수입니다.

ㄱ

갈대
31

결명자
114

국수나무
96

갈퀴덩굴
102

계수나무
99

긴병꽃풀
85

감나무
88, 89

고구마
82, 38, 39

꼭두서니
102

감자
38, 36~37, 39

고무나무
71

꽃마리
123, 99

강낭콩
30

고사리
119

ㄴ

고욤나무
88, 89

나사말
125

개나리
120

고추
30

나자스말
131

갯버들
25

과꽃
120

난티나무
99

검정말
85

괭이밥
31

낭아초
114

 냉이
98

 달리아
39

 등나무
75, 101, 123

 노루오줌
122

 달맞이꽃
103

 딸기
76, 85, 86

 노린재나무
120

 닭의장풀
121

 때죽나무
27

 느릅나무
121

 담쟁이덩굴
98, 76, 84

 느티나무
102, 25, 44, 45, 65, 74

 당근
82

 마가목
129

 능소화
76, 25, 84

 대추나무
105

 마늘
34, 38

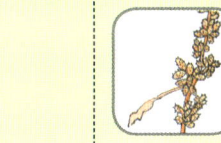 도꼬마리
130

 메꽃
75, 99

 닥나무
98, 54

 돌콩
75

 명아주
31

 단풍나무
133, 99, 100, 129, 130

 동백꽃
125

 목련
119, 25, 29

 달개비
85

 둥글레
77

 무
82

 무궁화
120, 25

 무화과나무
69

 물봉선
130

 미국가막사리
130

 미모사
115

 민들레
120, 99, 129

 ㅂ

 바나나 나무
71

 바랭이
85

 박주가리
69, 31, 102, 130

 밤나무
129, 46~47

 배롱나무
99

 백일홍
123

 버드나무
121, 71, 87, 102, 122

 벌레잡이통풀
104

 범꼬리
122

 벚나무
65

 벼
71

 보리수나무
27

 복수초
124

 복숭아
129

 봄맞이
122

 부들
121

 부추
122

 ㅅ

 사과
128

 사철나무
123, 29

 산국
124

 산달래
33

 산사나무
129, 99

146

 산수국
122

 선인장
105

 ㅇ

 산수유
99

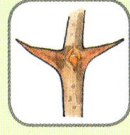 소나무
66, 67, 102, 125

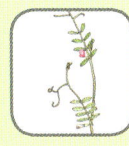 아까시나무
105

 살갈퀴
104

 소리쟁이
31

 애기똥풀
71, 100, 121

 살구나무
102

 쇠뜨기
119

 애기붓꽃
121

 상수리나무
121, 97

 수수꽃다리
120, 21, 24, 49

 앵초
120, 122

 새팥
130

 신갈나무
26

 양귀비
71

 생강
31

 싸리나무
123, 101

 양버즘나무
25

 생강나무
27, 29, 118

 쐐기풀
105

 양파
35, 38

 서어나무
25

 쑥
31

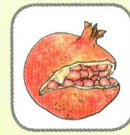 엉겅퀴
123, 105

 석류
129

 쑥부쟁이
99

 열대 수련
131

 오동나무 25

 오이 83

 옥수수 86, 121, 129

 왕고들빼기 100

 유채 123

 은방울꽃 120

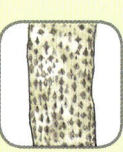 은사시나무 65

 은행나무 119, 25, 47, 99, 129

 이끼 119

 ㅈ

 자귀나무 114, 101

 자작나무 97, 25, 65, 99, 119, 122

 잣나무 129

 제비꽃 120, 99, 130

 조 72

 조릿대 99

 졸참나무 129

 진달래 29

 쪽동백나무 27

 찔레꽃 125

 ㅊ

 참나리 33, 48

 참마 32

 참취 123

 청미래덩굴 104, 99

 층층나무 99

 칠엽수 101, 28

 칡 75

 ㅋ

 콩 58, 71

탱자
25

토끼풀
31, 85

튤립나무
99

파리지옥
105

파리풀
122

팥
80

팥배나무
65

포도나무
104, 129

피나물
69

하늘나리
120

향모
31

호랑가시나무
105, 99

호박
129, 57

환삼덩굴
31

황칠나무
98

회양목
102

❖ 만든 사람들

기획 _ 바람하늘지기

자연과 생태를 글과 그림으로 담아내는 사람들이 모인 곳이에요. 자연이 들려주는 이야기를 오롯이 전하는 책을 만듭니다. 어린이와 어른이 모두 좋아하고, 오래 볼 수 있는 생태 그림책을 만들어 갑니다.

글 _ 노정임

어린이 논픽션 책을 기획하고 편집하는 일을 합니다. 이번에 책으로 파브르를 만나고 그가 쓴 식물 이야기를 다시 쓰기 하면서 보낸 1년 동안, 마음속에 나이테가 하나 생기고 식물을 보는 마음의 키도 한 뼘 더 자란 것 같습니다.
글을 써서 펴낸 책으로 《애벌레가 들려주는 나비 이야기》, 《소금쟁이가 들려주는 물속 생물 이야기》, 《무당벌레가 들려주는 텃밭 이야기》, 《겨울눈이 들려주는 학교 숲 이야기》, 《우리 학교 텃밭》, 《우리가 꼭 지켜야 할 벼》, 《콩 농사짓는 마을에 가 볼래요?》, 《꽃이랑 소리로 배우는 훈민정음 ㄱㄴㄷ》, 《개미 100마리 나뭇잎 100장》, 《색깔이 궁금해》, 《명랑생태동화 : 땅속에 누가 살아?》, 《동물이랑 식물이 같다고요?!》 등이 있습니다.

그림 _ 안경자

1965년 충청북도 청원에서 태어났고, 대학에서 서양화를 공부했습니다. 어린이들에게 그림을 가르쳤으며, 지금은 생태 그림을 그리고 있습니다. 숨어있는 곤충이나 작은 풀들을 잘 찾아내서 사람들을 깜짝 놀라게 합니다. 할머니가 되어서도 자연의 아름다움을 그리는 것이 꿈입니다.
《애벌레가 들려주는 나비 이야기》, 《소금쟁이가 들려주는 물속 생물 이야기》, 《무당벌레가 들려주는 텃밭 이야기》, 《겨울눈이 들려주는 학교 숲 이야기》, 《우리 학교 텃밭》, 《우리가 꼭 지켜야 할 벼》, 《콩 농사짓는 마을에 가 볼래요?》, 《꽃이랑 소리로 배우는 훈민정음 ㄱㄴㄷ》, 《개미 100마리 나뭇잎 100장》, 《색깔이 궁금해》, 《풀이 좋아》, 《세밀화로 그린 보리 어린이 풀 도감》, 《찔레 먹고 똥이 뿌지직!》, 《동물이랑 식물이 같다고요?!》, 《대한민국갯벌 문화 사전》, 《숲과 들을 접시에 담다》 등에 그림을 그렸습니다.

감수 _ 이정모

연세대학교 생화학과를 졸업하고, 같은 학교 대학원에서 석사 학위를 받았습니다. 독일 본 대학교 화학과에서 '곤충과 식물의 커뮤니케이션'에 관한 연구를 했으며, 안양대학교 교양학부 교수로 일했습니다. 옮긴 책으로 《인간 이력서》, 《인간, 우리는 누구인가?》, 《매드 사이언스북》, 《마법의 용광로》 등이 있으며, 글을 써서 펴낸 책으로는 《달력과 권력》, 《해리포터 사이언스》 등이 있습니다.
현재 서울 서대문자연사박물관 관장으로 재직 중이며, 강연 등을 통해 어린이들을 직접 만나 자연과 과학에 대한 이야기를 들려주는 일도 즐겁게 하고 있습니다.

철수와영희 출판사가 펴낸 어린이 그림책

● 동식물에 대해 과학적이고 체계적으로 이해할 수 있는 '철수와영희 생명수업 첫걸음' 시리즈

2 조영권이 들려주는 참 쉬운 곤충 이야기

작은 곤충들을 통해 배우는 자연의 소중함

지구 동물의 80%가 곤충입니다. 그런데 우리는 이런 곤충에 대해 얼마나 알고 있을까요?
이 책은 이런 물음에 대해 어린이들이 쉽게 이해할 수 있도록 구성했습니다.
곤충의 기원과 생김새, 종류, 생활에 대해 170여 종의 곤충들을 예로 들어 소개하며,
저자가 직접 찍은 220여 장의 생생한 사진을 통해 재미있게 알려줍니다.

세종도서 교양부문 선정도서 | 고래가숨쉬는도서관 추천도서
학교도서관사서협의회 추천도서 | 아침독서 추천도서 | 학교도서관저널 추천도서

글·사진 조영권 | 값 18,000원

3 김성현이 들려주는 참 쉬운 새 이야기

새들의 다양한 생태를 통해 배우는 자연의 소중함

이 책은 새의 크기, 부리, 발 모양 등 다양한 특징들을 소개하며, 새가 어떻게 번식하고,
어떻게 하늘을 날 수 있는지, 새를 만나는 데 있어 무엇이 필요한지,
왜 새를 보호해야 하는 지 알려줍니다. 300여 장의 생생한 새 사진을 통해
170여 종의 다양한 새들을 살피다 보면 어린이들은 나만의 방식으로
새들의 특징과 종류를 구별하는 기준들이 생기게 됩니다.

과학기술정보통신부 인증 우수과학도서 | 어린이도서연구회 추천도서
환경정의 어린이 환경책 권장도서 | 아침독서 추천도서 | 고래가숨쉬는도서관 추천도서

글·사진 김성현 | 값 18,000원

● 어린이와 부모님이 함께 보는 '철수와영희 그림책' 시리즈

1 애벌레가 들려주는 나비 이야기

봄에 만난 아홉 마리 나비의 한살이와 생태

봄철, 풀밭에서 직접 만난 아홉 마리 나비들의 한살이 과정을 담았습니다.
알, 애벌레, 번데기를 거쳐 나비가 되기까지 다양한 생활과 생김새, 애벌레가 먹는 풀,
천적을 피하는 법 등이 잘 설명되어 있습니다.

문화체육관광부 우수교양도서 | 학교도서관사서협의회 추천도서 | 아침독서 추천도서

글 노정임 | 그림 안경자 | 감수 김성수 | 추천 홍세화 | 값 12,000원

2 소금쟁이가 들려주는 물속 생물 이야기

여름철 둠벙에서 만난 곤충과 물풀 들의 한살이와 생태

여름철 둠벙에서 만난 곤충과 물풀 들의 한살이와 생태를 담았습니다.
물은 생명이 탄생한 곳이며, 수많은 생명들이 있어요.
이 책을 통해 소금쟁이가 소개해 주는 물속 곤충 14마리와 함께 살아가는
물풀 24종을 만나볼 수 있습니다.

문화체육관광부 우수교양도서 | 환경부 우수환경도서 | 학교도서관사서협의회 추천도서
아침독서 추천도서 | 학교도서관저널 추천도서

글 노정임 | 그림 안경자 | 감수 김성수 | 추천 서정홍 | 값 12,000원

3 무당벌레가 들려주는 텃밭 이야기
가을에 거두는 열 가지 텃밭 작물의 한살이와 생태

김장 채소 7가지와 그 밖에 3가지 채소가 씨앗부터 수확까지 싱싱하게 성장하는
한살이 과정을 경쾌하게 담았습니다. 또한 더불어 텃밭에 자라는 풀과 벌레들을 보여주며
함께 살아가는 자연의 생태를 느낄 수 있어요. 김치를 담는 법까지 알려주는
친절한 생태 그림책입니다.

**문화체육관광부 우수교양도서 | 환경부 우수환경도서 | 환경정의 어린이 환경책 권장도서
학교도서관사서협의회 추천도서 | 아침독서 추천도서 | 학교도서관저널 추천도서**

글 노정임 | 그림 안경자 | 감수 노환철 | 추천 하종강 | 값 12,000원

4 겨울눈이 들려주는 학교 숲 이야기
겨울철 학교에서 만난 나무의 한살이와 생태

도감 형식으로 구성되었고 나무의 한살이를 한눈에 볼 수 있습니다.
학교를 비롯해서 마당과 골목길에 널리 심어 기르는 나무 77종의 잎, 꽃, 열매, 수형,
수피 등을 꼼꼼하게 그렸습니다. 또한 비슷한 나무는 비교해 볼 수 있게 하였고,
나무의 쓰임새도 알 수 있습니다. 나무의 이름이 가나다 순서로 실려 있어서
사전처럼 찾아보기 좋습니다.

학교도서관사서협의회 추천도서 | 아침독서 추천도서

글 노정임 | 그림 안경자 | 감수 구자춘 | 추천 최성각 | 값 15,000원

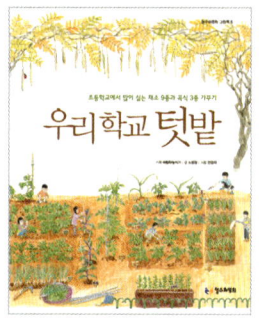

5 우리 학교 텃밭
초등학교에서 많이 심는 채소 9종과 곡식 3종 가꾸기

요즘 채소를 기르는 학교가 늘고 있습니다. 학교 텃밭에서 채소를 기르면,
우리 아이들이 깨끗하고 싱싱한 제철 채소를 먹게 될 뿐만 아니라 작물을 기르며
자연 공부도 하게 됩니다. 농사짓는 법뿐만 아니라 농사에 꼭 필요한 흙, 비, 해, 풀,
벌레에 대한 정보도 담아서, 실제 수업에서 활용하는 데에 도움이 되도록 구성했습니다.
부록에는 씨앗과 거름 이야기도 담겨 있습니다.

**학교도서관사서협의회 추천도서 | 아침독서 추천도서 | 학교도서관저널 추천도서
환경정의 어린이 환경책 권장도서 | 고래가숨쉬는도서관 추천도서**

글 노정임 | 그림 안경자 | 감수 노환철 | 추천 배성호 | 값 13,000원

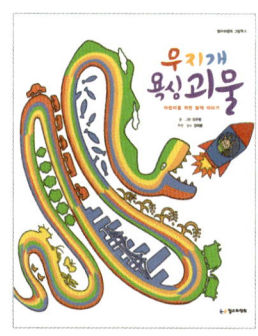

6 무지개 욕심 괴물
어린이를 위한 탈핵 이야기

방사성 물질의 위험과 '왜 핵 발전소 없이 살아야 하는지'를 어린이에게 알려주는
인문, 환경 그림책입니다. 어린이들에게 잘못 알려지고 있는 핵에 대한 이야기를
글과 그림을 통해 쉽게 알려줍니다. 핵 발전소인 '욕심 발전소'에서 나온 방사성 물질인
'무지개 욕심 괴물'의 횡포에 맞서 지구를 구하는 주인공 라울의 이야기를 담고 있습니다.

환경정의 어린이 환경책 권장도서 | 학교도서관사서협의회 추천도서 | 아침독서 추천도서

글·그림 김규정 | 감수·추천 김익중 | 값 12,000원

7 밀양 큰할매
어린이를 위한 인권 이야기

전기가 어떤 길을 거쳐 우리 곁으로 오는지 생각해 본 적 있나요?
밀양 송전탑 반대투쟁을 배경으로 과도한 전기 소비로 인한 송전탑의 환경 파괴,
핵 발전의 위험성, 전기 생산 지역과 전기 소비 지역의 불평등에 대해 알려주는 어린이
인문, 환경 그림책입니다.

**책읽는사회문화재단 책날개 선정도서 | 어린이도서연구회 추천도서
학교도서관사서협의회 추천도서 | 아침독서 추천도서**

글·그림 김규정 | 추천 이계삼 | 값 12,000원

8 우리 학교 장독대
학교에서 쉽게 담그는 간장과 된장

'장'을 어린이들과 함께 담그는 이야기를 담았습니다.
장은 할머니나 어머니가 담그는 게 아니냐고요? 어린이들도 함께 장을 담글 수 있어요.
우리 집과 학교에 장독을 놓고 콩이 메주가 되고, 메주가 장이 되는 변화를 보며
즐겁게 장을 담가 봐요. 장독과 메주만 준비되어 있다면,
1~2시간 안에 "장 담그기, 끝!"을 외칠 수 있을 거예요.

세종도서 교양부문 선정도서 | 어린이도서연구회 추천도서 | 학교도서관사서협의회 추천도서

글 고은정 | 그림 안경자 | 값 12,000원

9 내가 끓이는 생일 미역국
고은정 선생님에게 배우는 어린이 생활 요리

음식문화운동가 고은정 선생님에게 직접 배우는 어린이 생활 요리 그림책입니다.
내가 직접 끓이는 생일 미역국 이야기를 담았습니다. 소고기 미역국부터 들깨 미역국,
된장 미역국, 꽃게 미역국까지 네 종류의 미역국 끓이는 방법을 알려줍니다.

세종도서 교양부문 선정도서 | 아침독서 추천도서 | 학교도서관사서협의회 추천도서
한학사 추천도서 | 고래가숨쉬는도서관 추천도서

글 고은정 | 그림 안경자 | 값 13,000원

10 내가 담그는 뚝딱 고추장
고은정 선생님에게 배우는 어린이 생활 요리

고추장은 우리나라에서 처음 만들어 먹기 시작한 특별한 '장'입니다.
음식연구가 고은정 선생님이 빨리 담그는 '뚝딱 고추장' 조리법을 만들었습니다.
어린이와 요리 초보자도 한두 시간이라는 짧은 시간에 집에서나 학교에서나
자신의 입맛에 맞는 고추장을 뚝딱 만들 수 있습니다.

아침독서 추천도서 | 학교도서관사서협의회 추천도서 | 한국학교사서협회 추천도서

글 고은정 | 그림 안경자 | 값 13,000원

❖ 참고 도서

권오길, 《권오길의 괴짜 생물 이야기》, 을유문화사, 2012
김성화·권수진 글, 이민하 그림, 《식물 학교에 오세요》, 북멘토, 2006
노정임 글, 안경자 그림, 《겨울눈이 들려주는 학교 숲 이야기》, 철수와영희, 2012
노정임 글, 안경자 그림, 《콩 농사짓는 마을에 가 볼래요?》, 철수와영희, 2013
도토리 기획, 《보리 어린이 식물도감》, 보리, 1997
마르틴 아우어 글, 인성기 옮김, 《파브르 평전》, 청년사, 2007
빌 브라이슨 글, 이덕환 옮김, 《그림으로 보는 거의 모든 것의 역사》, 까치, 2009
솔르다르 글·그림, 강경화 옮김, 《나무 이야기》, 시공주니어, 2009
안경자 외 그림, 김창석 외 글, 《보리 어린이 풀 도감》, 보리, 2008
안나 클레이본 글, 유윤한 옮김, 《과학의 위대한 순간들》, 베틀북, 2011
영국어스본출판사편집부 엮음, 이가희 옮김, 《한 권으로 끝내는 과학의 모든 것 ⓔ사이언스》, 혜원, 2012
오쿠이 카즈미츠 글, 문창종 옮김, 《어린이 동물행동학 사전》, 함께읽는책, 2006
우시키 다쓰오·후지타 쓰네오 지음, 이정환 옮김, 《누구나 세포》, Gbrain, 2013
윤소영, 《종의 기원, 자연선택의 비밀을 밝히다》, 사계절, 2008
윤주복, 《나무 해설 도감》, 진선북스, 2010
장 앙리 파브르, 《The Wonder Book of Plant Life》, Vivisphere, 2001
장 앙리 파브르 글, 김진일 옮김, 《파브르 곤충기 1》, 현암사, 2013
장 앙리 파브르 글, 성기수 풀어씀, 《파브르 곤충 이야기》, 사계절, 2013
장 앙리 파브르 글, 정석형 옮김, 《파브르 식물기》, 두레, 2003
장 앙리 파브르 글, 추둘란 풀어씀, 이제호 그림, 《파브르 식물 이야기》, 사계절, 2011
장 앙리 파브르 글, 하정임 옮김, 《파브르의 화학 이야기》, 다른, 2012
제이 호슬러 글, 케빈 캐넌·잰더 캐넌 그림, 김명남 옮김, 《세상에서 가장 재미있는 진화》, 궁리, 2013
지니 K. 풀브라이트 글, 명지대학교 창조과학연구소 옮김, 《어린이를 위한 식물학》, 명지대학교 창조과학연구소, 2007
카메다 류키치 사진, 타다 타에코 글, 김창원 옮김, 《알아보며 즐기는 잎사귀 박물관》, 진선북스, 2007
폴 마르탱 외 글, 김효림 옮김, 《요건 몰랐지? 자연》, 푸른숲, 2005
헤이절 매스켈 글, 애덤 라컴 그림, 이충호 옮김, 《생물이 뭐야?》, 푸른숲, 2010
황경택 글·그림, 《식물 탐정 완두, 우리 동네 범인을 잡아라!》, 길벗스쿨, 2009

- 잡지 : 《뉴턴》, 《자연과생태》
- 사이트 : 국가생물종지식정보시스템 http://www.nature.go.kr/

파브르에게 배우는 식물 이야기

제1판 제1쇄 발행일 2014년 5월 5일
제1판 제7쇄 발행일 2023년 6월 5일

기획 _ 바람하늘지기, 책도둑(김민호, 박정훈, 박정식)
글 _ 노정임
그림 _ 안경자
감수 _ 이정모
교정·교열 _ 김솔미
디자인 _ 토가 김선태

펴낸이 _ 김은지
펴낸곳 _ 철수와영희
주소 _ 서울시 마포구 월드컵로 65, 302호(망원동, 양경회관)
전화 _ 02-332-0815
전송 _ 02-6003-1958
전자우편 _ chulsu815@hanmail.net
등록 _ 제319-2005-42호
ISBN 978-89-93463-52-1 77480

ⓒ 바람하늘지기, 노정임, 안경자 2014
* 이 책에 실린 일부나 전부를 다른 곳에 쓰려면 반드시 저작권자와
  철수와영희 모두한테서 동의를 받아야 합니다.
* 잘못된 책은 출판사나 처음 산 곳에서 바꾸어 줍니다.
* 철수와영희 출판사는 '어린이' 철수와 영희, '어른' 철수와 영희에게
  도움 되는 책을 펴내기 위해 노력하고 있습니다.

어린이제품 안전특별법에 의한 기타 표시사항

제품명 도서 | **제조자명** 철수와영희 | **제조국명** 한국 | **전화번호** (02)332-0815 | **제조연월** 2023년 6월 | **사용연령** 10세 이상
주소 04018 서울시 마포구 월드컵로 65, 302호(망원동, 양경회관)
주의사항 종이에 베이거나 긁히지 않도록 조심하세요. 책 모서리가 날카로우니 던지거나 떨어뜨리지 마세요.